劉勇——著

單于歸來

南匈奴
文化遺存考察

衣附東漢 × 劉淵建國 × 胡漢融合，
從邊疆部落到漢化歸降，匈奴的後裔去哪了？

匈奴，曾經在史書留下濃墨一筆，其勇猛好戰令人聞之色變，
甚至連漢帝國都得禮讓三分，派遣公主和親以換取和平，
這樣一個馳騁大漠南北的草原部族，為何突然就消失了？

西元 48 年，匈奴分裂，南匈奴在內蒙古建立政權，依附東漢；
西元 304 年，單于劉淵建立前趙、推翻晉朝，開啟五胡十六國時代。

本書結合實地考察和嚴謹史料，
再現當年強大剽悍的南匈奴風采！

目錄

序言

劉勇的三晉十年 ……………………………………… 006

晉西山川之間的民族融合蹤跡 ………………………… 008

自序：尋找最後一個匈奴 ……………………………… 014

尋根

劉淵山　英雄的山 ……………………………………… 018

劉淵族屬與匈奴漢國前史釋疑 ………………………… 032

南匈奴廢都　左國城懷古 ……………………………… 043

雪後再訪左國城 ………………………………………… 048

蔡文姬沒於南匈奴居地考 ……………………………… 058

潛龍碧血化清流 —— 龍子祠懷古 …………………… 071

目錄

祭祀

東川河谷劉淵行宮 ……………………………………… 084

陰錯陽差 —— 五路大將軍廟和劉王廟 …………… 095

尋訪劉家嶂　發現劉王廟 ………………………… 104

消失在歷史中的劉淵神廟 ………………………… 112

龍天即劉王 —— 被誤讀的晉源南關龍天廟 ………… 119

龍天即可汗 —— 尋訪鞏村龍天廟舊址 …………… 125

流傳

寧武天池懷古 ……………………………………… 132

嵐縣　胡漢融合雙城記 …………………………… 152

岢嵐山水漫錄 ……………………………………… 159

烏突戍・曜頭村・皇姑墓 ………………………… 171

河里莊遰氏故事 …………………………………… 177

匈奴堡　天險堡 …………………………………… 181

後記：記起被遺忘的歷史 ……………………… 201

序言

劉勇的三晉十年

　　劉勇，兄弟也，因山西文物而相識相惜，引為同道。十年前，捨高職趣山河，暢遊天地，嘯傲江湖。遍遊神州總結曰：「在山西一月，勝他處一年。」何故？山西文物之真、文物之富、文物之牽魂撼魄，天地可鑑，無與倫比。

　　劉勇擁有史地、文化和旅遊專業背景，近年苦心耕耘於三晉大地，有如善財童子五十三參，尋之覓之，也甘之若飴。尋什麼？尋真歷史，尋真文明；覓什麼？覓初心，覓本源；甘之如飴的則是山西的土厚水深、文化精髓、人文醇厚、大氣磅礴。

　　劉勇也是一名純陽「護法尊者」，旅途遇有受創文物，立刻即向有關部門提出保護建議；見有責任擔當者，擊節讚嘆，引為知己；遇麻木不仁者，鼓之呼之，非振聾發聵而不竭。赤子情懷，動地感天！

　　兩千年前與漢帝國並行於中國南北的匈奴民族現在何處？劉勇用他的學識、慧眼、誠心，梳理出這個馬背民族與漢民族融合的輪廓，帶給我們這方土地和有著匈奴基因的後代們一捧故事、一個交代。

　　「遊山西讀歷史」，方興未艾。劉勇多年如此，一直在研究、傳播，近年又考察摩崖石刻，成果可期。知行合一的

路，促進了他對文化和歷史的客觀思考和認知。

人生價值，不在坦途，英雄豪傑，不在溫室。希望我們的青年朋友能以劉勇這樣的賢者為榜樣，不為物累，不做宅奴，到我們足下這

方浸染著中華五千年歷史的土地上，俯下身來，傾聽祖先遺訓，汲取英雄力量，壯我民族尊嚴。

趙曙光（山西省文化和旅遊廳副廳長）

晉西山川之間的民族融合蹤跡

　　中國是一個多民族國家，在數千年的歷史上，民族之間既有戰爭，也有交流、融合，而融合是主流。古代歷史上，民族之間的戰爭主要發生在北方。中國的北方，四百公釐等降水量線呈西南—東北向，這條線基本上就是中國古代的半溼潤與半乾旱區的分界線，也是傳統農業耕作區與草原游牧區的分界線。秦漢以來，從北方草原上興起的游牧民族不斷地、週期性地由北向南衝撞，與從事農耕的漢民族爭奪生存空間，這是兩種文明形態的碰撞，由此而引起的南北過渡地帶的戰爭相對頻繁也是自然的。從秦漢開始，中原王朝在北部邊疆地帶防禦游牧部落南下，也大體成為一種常態。從北方草原區先後興起的匈奴、烏桓、鮮卑、突厥、契丹、女真、蒙古等游牧民族，在與漢民族的碰撞中，受中原文化的影響，有不少游牧民族仿效中原王朝建立了政權，有的甚至進入中原腹地。在強大的中原農耕文明的影響下，這些北來的游牧民族，大體上都與漢民族融合在一起。一千多年的時間，匈奴、烏桓、鮮卑、突厥、契丹等強盛一時的游牧民族完全變為一個個歷史文獻中的符號，他們的後代早已融合進中原漢民族之中。歷史發展有它的軌跡，波瀾壯闊的民族融合進程也有可以尋找的軌跡，透過閱讀歷史文獻，結合廣泛

的田野考察，發現鮮活的民族融合實例，庶幾可看到一千多年以前開始的民族融合軌跡，將使民族融合不再是一個抽象的概念。

千年民族融合軌跡的遺存區域，在北方的大部分地方已經很難找到，只有在太行山之西、黃河以北的今山西省，還能有所發現，這與山西特殊的地理位置、地形特點有很大關係。司馬遷在《史記》中，為古代的農耕區和游牧區劃了一條線，即著名的「龍門—碣石線」，「龍門、碣石北多馬、牛、羊、旃裘、筋角」。這條線在今山西境內為西南—東北向，從呂梁山南端開始，經過太原北邊，抵達太行山。從現在的地理區劃來看，除了運城、臨汾（部分）、晉城、長治、晉中，山西的西部、北部大部分地方都處於古代的農牧交錯地帶。在山西的代縣、繁峙縣以北，橫亙著西南—東北向的恆山山脈，綿延數百里，形成一道天然屏障，將太原盆地、忻定盆地與大同盆地隔開。這道屏障也是古代山西的農牧分界線，古人把這條線以北稱為塞外、塞北。有古代歌謠曰：「雁門關外野人家，不養桑蠶不種麻。百里並無梨棗樹，三春哪得桃杏花？」塞北是不適合從事農耕、桑蠶的。歷史上，山西中南部的農耕文明，依憑這道屏障提供屏護。當北方游牧民族越過陰山南下後，首先選擇的活動區域就是恆山以北的塞北之地，即現在的大同、朔州一帶。然後逐步南

下，進入塞南，即現在的忻州、呂梁北部。有些游牧民族臣服於中原王朝，被安排在塞南定居，為中原王朝守邊，例如曹魏初，將歸順的鮮卑步度根部安置於句注塞南守邊，稱為「保塞鮮卑」。游牧民族繼續南下，就深入現在的呂梁南部、晉中、臨汾、長治一帶。山西境內多山，山間又多有可放牧之處，時過境遷，相當一部分游牧民族後代就留在了山西的山川之間，逐漸成為漢民族的一員。在數千年的歷史上，山西就像一個角力場，匈奴、烏桓、鮮卑、柔然、突厥、契丹、女真、蒙古等游牧民族，在此輪番與漢民族對陣，最後大都融合在這片廣袤的大地。

說到中國古代北方的民族融合，首先要講西晉末年的南匈奴首領劉淵在山西建立歷史上第一個內遷游牧民族政權，拉開了長達一千多年的民族融合大幕。西元三〇四年十月，劉淵在左國城南郊築壇設祭，自稱漢王，建立漢國（後改為趙，亦稱漢趙國）。三〇八年，劉淵在蒲子（今臨汾市隰縣）正式稱帝。因為蒲子地域狹小，不可長久安身，不久又遷都平陽（今臨汾市）。三一一年，匈奴軍隊攻入洛陽，西晉走向滅亡。從後來的歷史發展來看，可以說劉淵在山西建立的匈奴漢國政權，是第一張倒下的持續兩百七十多年的南北分裂戰亂的多米諾骨牌。劉淵的南匈奴政權占據了山西的中南部，西晉的并州刺史劉琨為了對付劉淵，請北方的鮮卑

出兵相助，劉琨與鮮卑首領拓跋猗盧結為兄弟，並請晉懷帝封猗盧為代公，以代郡（今河北蔚縣）為封邑。拓跋猗盧認為代郡與他們的居住地相隔太遠，便要求把陘嶺（即今雁門關附近的雁門山）以北的地方作為封地，率其部眾進駐雁門一帶。劉琨把陘嶺以北的樓煩（今朔州市南）、馬邑（今朔州市）、陰館（今朔州市東南）、繁時（今渾源縣西南）、峰縣（今渾源縣）五個縣的百姓遷往恆山之南，鮮卑在陘嶺以北的勢力日益強盛。漢民族政權的實際控制區大致局限於太原附近，山西的南北各地，都被匈奴、鮮卑占據。後來，鮮卑族建立的北魏不但控制了山西全境，還以山西為根據地控制了整個北方。劉淵在山西建立的漢國，已經在政治、文化上有了漢化的萌芽。到了鮮卑族建立的北魏於平城立都時，開始了大規模的民族融合，魏孝文帝從平城遷都洛陽，立即開始了全面的漢化改革，把從草原起家的鮮卑族完全融合到漢民族之中。到了唐代中期，這些定居於山西等地的匈奴、鮮卑已不見於史冊，成為漢民族的組成部分。唐五代之後，與宋代先後南北對峙的游牧民族契丹、女真，以及後來的蒙古、後金，他們入主中原建立政權，無不受到西晉末年劉淵在山西建立的漢國之影響。當游牧民族在中原地區建立政權，局勢基本穩定之後，游牧民族與漢民族之間的融合度就會越來越高，在文化上、生活習慣上不斷向漢民族靠近，

他們原來的游牧習俗逐漸淡化。當入主中原的游牧民族政權敗亡後，中原的平川地帶是很難供他們藏身的，他們往往會選擇山西等地的山川之間作為居留之地。游牧民族的少數個體，他們的後代祖祖輩輩一直居住在山西的山川之間，隨著時間的推移，基本上無人知道他們的祖先是草原上的游牧者，這就是民族融合的力量。

儘管歷經一千多年，但從人類基因、宗教信仰、民俗習慣、姓氏源流、地名等方面，我們還能在山西各地發現一些匈奴族、鮮卑族的後代，他們具有的高鼻、深目，是祖先遺傳在他們身上的印記；親朋間以羊為重禮，則是他們千年不變的游牧民族習俗。他們是民族融合的鮮活案例。

居住在北京的歷史文化學者劉勇先生，畢業於首都師範大學歷史系，醉心於北朝歷史研究，酷愛山西的歷史文化。近年來，他遍訪山西各地，走遍了一百多個縣都，有的地方考察了不止一次，朋友們開玩笑地說他：「不是在山西考察，就是在去山西考察的路上。」考察研究之後，他先後出版、發表了《發現最美古中國：山西祕境》、《金石證史：三晉碑誌中的歷史細節》等圖書和數十篇文章，為山西的歷史文化研究做出了貢獻，我們山西人應該感謝劉勇先生。劉勇先生在考察中，注意到古代民族融合在山西的蹤跡，尤其是一千七百年前南匈奴在山西呂梁、臨汾等地的活動遺跡很

多，遂對此問題進行了專題考察研究，翻山越嶺，讀殘碑、覓遺跡、訪舊事，形成了這本書。劉勇先生此書有不少新的發現，提出了一些新觀點，頗有學術價值。他對有關宗教信仰、姓氏、地名、方言、習俗、考古文物等諸多資訊進行梳理，在呂梁地區發現多處祭祀劉淵的劉王廟、龍天廟遺址；在岢嵐、嵐縣等地發現一些地名來自匈奴系胡語，是古代游牧民族語言的活化石；發現劉、喬、卜、蘭、呼（呼延）、王、郝、白、曹、獨（獨孤）、赫（赫連）等南匈奴一稽胡族群的指標姓氏在晉西北居民中仍占相當比例；透過分析考察，他認為蔡文姬歸漢前居留南匈奴十二年的地方應該在今方山縣左國城，而不在今內蒙古鄂爾多斯市一帶。劉勇先生的考察研究，對我們進一步深入、系統地了解南匈奴歷史、古代歷史上的民族融合、古代山西與民族融合的關係，提供了一個新的視角，有著積極的意義。

　　盼望劉勇先生有更多的關於山西歷史文化的作品問世。

李廣潔（山西省歷史學會副會長）

自序：尋找最後一個匈奴

　　匈奴，歷史上第一個以蒙古高原為中心建立強大政權的游牧民族，興起於戰國末年，秦漢時達於鼎盛，與內地王朝產生密切連繫。西漢後期，匈奴逐步走向衰落，東漢初年因內亂分裂為南、北兩部分。東漢聯合南匈奴等圍攻北匈奴，取得重大勝利。北匈奴餘部西遷至中亞草原。北匈奴西遷，南匈奴則成為東漢附庸。匈奴國家瓦解後，匈奴人逐漸同化於其他各民族之中。

　　東漢後期，南匈奴自河套內遷進入山西，定居於呂梁山、汾河谷地的廣大山川之間。西晉末年「八王之亂」中，南匈奴首領劉淵在北方首舉大旗建立漢國，開啟了所謂「五胡亂華」的大幕。隨後一百多年間，十六國紛爭，北方最終歸於北魏統一。定居山西的南匈奴部眾與其他胡人匯聚起來，演變為稽胡（山胡）。至唐中期，稽胡也不見於史冊，大部分成為漢族的組成部分。

　　劉淵建立的匈奴漢國不到三十年覆亡，如天上的彗星一閃而過，留下深深的痕跡。其開闢的內遷游牧民族在中原建國、與中原文化結合的發展道路，為後繼者普遍接受，發揚光大。

　　匈奴漢國以後，石勒、苻堅、元宏、宇文邕等傑出歷史

人物不斷探索、調整政策方向，胡漢文化逐漸優勢互補，達於集聚混一。隋唐時的中國大地上出現了你中有我、我中有你，相容並蓄的大文化格局，為盛唐氣象的出現奠定了堅實的社會基礎。

民族融合大背景下，南匈奴首領劉淵是南匈奴等胡族部眾的最高首領單于，同時也是號令內地漢人民眾的漢國皇帝，劉淵賦予最高統治者的這一複合身分，是歷史的創見，是十六國北朝民族融合史的起點。

南匈奴之名早已遠去，成為中華民族發展壯大過程中不可磨滅的一部分。如今，劉、喬、卜、蘭、呼（呼延）、王、郝、白、曹、獨（獨孤）、赫（赫連）等南匈奴一稽胡族群的指標姓氏在晉西北居民中仍占相當比例。應該說，這些姓氏的民眾多有南匈奴血統。

長期以來，胡人後裔諱言其來歷，但民族的記憶、風俗不會輕易磨滅，總是以不同的方式流傳下來。

魏晉南北朝史研究文獻不足，更需從姓氏、地名、方言、習俗、考古文物等諸多社會資訊中梳理拓展史料範圍。我在山西尋訪路上，不經意間，逐漸發現南匈奴文化的蛛絲馬跡至今尚存於呂梁山腹地、汾河河谷深處。尋訪路上，讀殘碑，訪舊事，我時時身在歷史的現場：懷古於南匈奴故都左國城、龍子祠，發現多處劉淵祭祀遺址（劉王廟）；在出

自匈奴系胡語的岢嵐、嵐縣、祁連池等地撫今追昔，這些地名是語言學的活化石；還有眾多地名、人名、民間活動也應來自胡俗。

穿越千年，單于歸來。以劉淵祭祀為代表的南匈奴歷史文化遺存，竟然還能被再次發現，讓我敬畏、感嘆於文化的力量。在歷史的長河中，劉淵的功績被後人傳誦，其形象實現了從人到神的轉化，劉淵祭祀系統成為南匈奴文化綿延至今的歷史暗線。

本書即是源於實地考察的這類文章匯聚而成，希望能作為鋪路石，拋磚引玉，為中古歷史研究做些新的累積。若干文章曾發表於報刊，收入本書時均有修訂。

曾經馳騁大漠南北、在內地建國的匈奴民族不見了。最後一個匈奴去哪了？這樣的問題還不時會被後人提起。當記起這段中華民族融合發展大歷史的時候，我們每個人都是他的後裔。

劉勇

尋根

　　南匈奴自東漢中期內遷山西呂梁後，逐漸定居於呂梁—汾河谷地。其最高統治權力中心在左國城。後單于成為虛號，左國城仍是南匈奴後裔的精神制高點。左國城歷史是南村遺址最為輝煌的部分。蔡文姬居南匈奴十二年之地，應在東漢後期以左國城為中心的南匈奴活動範圍。

　　匈奴漢國的建立者劉淵為南匈奴單于後裔。劉淵建立漢國，建都於左國城。漢國後遷都平陽，滅亡西晉。至今金殿、龍祠之名即為匈奴漢國平陽都城舊跡。

　　匈奴漢國為北方民族內地建政之首，為中古史開啟民族融合大幕，開闢了十六國北朝以來，北方民族參與締造中華文明的一種歷史可能，影響深遠。

劉淵山　英雄的山

　　自東漢中期起，南匈奴入居山西，在呂梁地區生存繁衍。經一個半世紀，於西晉末年，南匈奴首領劉淵建立匈奴漢國，開啟十六國─北朝歷史。漢國滅亡後，以南匈奴後裔為核心，融合多民族的稽胡（山胡）繼續活躍於黃土高原，西起隴右，東到呂梁山脈─汾河谷地的廣大地區是他們的歷史舞臺。南匈奴後裔傳承的匈奴文化，在姓氏、地名、語言、民俗等多方面，一直流傳至今。結合文獻與實地考察，我們發現，地處呂梁山核心的劉淵山，就是這樣一座飽含南匈奴歷史文化的英雄之山。

南雲頂山南側的凸出山岬 ── 劉淵山

正名

南匈奴和稽胡無文字，但在呂梁山很多與南匈奴－稽胡文化有關的地名沿用至今，還能大體判斷其來歷，劉王暈山即是一例。

《永樂大典》引《元一統志》交城縣條載：「劉王暈山，在本縣西二百里。」《永樂大典》引《元一統志》離石縣條載：「劉王暈山，在本縣東一百里。頂上有泉。」[01] 可見劉王暈山為交城、離石兩縣界山。「頂上有泉」，說明劉王暈山山頂位置分布有泉水。

萬曆版《汾州府志》卷二〈山川〉載：「劉王暈山在州治東一百里，上有潭，名飲馬池。有峻壁，名飛人崖。昔劉淵都離石時據此，故名。今有淵祠存焉。」

康熙版《永寧州志》卷一〈輿地志〉、光緒版《永寧州志》卷四〈山川〉的有關記載大體相同，只是光緒版州志作劉王暉山。在交城、文水方言中，暈、暉、淵、雲發音均近似，由此不同版本方志中此山名稱出現不同寫法。[02] 元代地理總志中記載的山頂泉水，應即明清方志裡所記飲馬池。

---

[01] 《永樂大典》卷 5202，中華書局，1986 年版，第 1 頁。《元一統志》卷 1，中華書局，1966 年版，第 109 頁。

[02] 《永樂大典》卷 5202，中華書局，1986 年版，第 1 頁。
《永樂大典方志輯佚太原志》，中華書局，2004 年版，第 179 頁：「龍王疊山，在本縣西北一百二十里，上有水泉，歲旱禱則致靈應。」
《讀史方輿紀要》卷 40〈山西二〉太原府條，中華書局，2005 年版，第 1826 頁：「又有龍王疊山，亦名劉疊山，相傳劉淵都離石時嘗遊此，因名。」此龍王峰山，即劉王暈山，取其水神主旨，稱龍王，亦屬民間稱謂。

　　由方志記載可知，劉王暈或劉王嶍山，因建立匈奴漢國的劉淵家族曾在這裡屯聚而得名，山上還曾有祭祀劉淵的祠堂。為避免歧義，現在應統一此山名稱為劉淵山。一方面便利現今使用，一方面銘記這段民族融合的歷史。

　　呂梁山腹地現有三處高山山頂，被分稱北、東、南雲頂山，三處山頂均有大片高山草甸。因雲、淵、暈等均為一音，雲頂山之名也是來源於劉淵山。

　　劉淵山在離石區千年村以北的南雲頂山區。此山在離石東一百里，是呂梁山脈山結所在，四周群峰環繞，呂梁山主峰孝文峰、第二高峰骨脊山，北武當主峰真武山等均在這個區域。

尋訪

　　深秋晴空，取道信義鎮北上，沿一山谷即小東川谷行約二十公里，到千年村。這裡是溝谷盡頭，河谷收窄處出現一座山間小水庫，即千年水庫。水濱在興建旅遊休閒設施，這裡是千年景區核心區。地方上在開發旅遊，從信義至千年的公路已經翻修，路況極佳。從千年景區和當地朋友一起繼續進山，逐漸車行在砂石路上。從東北方向進入大山，這裡的山林多為落葉松林，是幾十年來中國林業部門飛播造林的成果。舊日稀疏的林地、大片高山草甸都不見了，取而代之的是一望幾十里的高山密林。呂梁山深處已是森林的海洋，讓人欣喜。

　　海拔漸高，路況變差，根本是在土路上行進。路上是雨季行車留下的深深車轍。

　　在一處相對平坦的山體鞍部，森林透出了一片藍天。近前看，居然出現一處小水池，如童話中的世界。藍天下的小水池一半水面已經凝結成冰，另一半還是水，純淨的晴空在水面映襯下更為湛藍。走到水邊，看到草地裡有些纖細的水流淌入水池。看來小水池的水源是有出露的泉水作為保障的。這片森林中現在只有這一處水池存在。常年保持豐盈的水面，是牛羊的飲水處。當地人都稱這裡為飲馬池。方志記載古時山中「有潭，名飲馬池」，應該就是這個水池。

茂密森林中出現的飲馬池

　　繼續前行，不久看到成片的白樺林，林地前方出現一處山岬。新開闢的山路和山頂幾乎平行，我們逐漸接近石山。這是一座群山中的岩石山體，背靠森林密布的大山即是南雲頂山，也稱小雲頂山。這座岩石山是南雲頂山邊緣相對獨立的一處小山體。四周森林環繞，凸顯獨秀，它就是當地人稱呼的劉王暈山，即劉淵山。

白樺林區

南雲頂山森林

終於找到了！從林中徒步南行，不遠處就是斷崖，眼前的劉淵山蒼蒼莽莽，和四周山體均不相連，石壁呈九十度角直立，落差上百公尺。西側遠處，一連串山峰南北列陣，其北部最高峰即骨脊山。這串山峰連通起來，確如骨脊山之名，似脊梁高聳，這正是呂梁山名的來歷。

再看近處，一峭壁上的突出山石如禿鷹凝視遠方，又似神龜探海。方志中所謂「飛人崖」即是形容劉淵山四周壁立萬仞的險峻地貌。

回歸

這裡真是個一夫當關萬夫莫開的奇特之地。進入劉淵山只有從北部斷崖爬下，進入小谷，來到石山北邊，茂密的樹叢中出現了一個缺口，好像〈桃花源記〉中的描述一般，這裡是進入山頂的唯一通道。

終於來到山頂，視野開闊，地面平坦，海拔約一千八百公尺左右。身處高大的白樺樹林、落葉松林中，腳下是不知多少年來的腐植質沃土，上面鋪著厚厚的一層松針、落葉，踩上去感覺比地毯更有彈力，更有韌性，這樣的徒步真是美妙無比。不過有了這麼好的植被，尋到劉淵祠堂的可能性就很小了，或許遺跡早已被松針覆蓋。

眺望骨脊山

　　劉淵山的東、南、西三面均為斷崖，西南方向可眺望千年水庫。山頂足夠廣闊，近乎橢圓形，如果劉淵當年在此紮營，集結上千人不是問題。呂梁山高處的多個大草甸，可以滿足南匈奴的傳統游牧生活方式。南雲頂山東側是當地著名的高山草甸「四十里跑馬墕」，也是處天然草場。

　　可牧可居，劉淵山得天時、地利、人和，劉淵率部在此蓄積力量，待機而發。後來劉淵建漢國，成為內遷民族獨立建國的先聲，開闢了胡人入主中原的新歷史時代。因為過往的輝煌歷史，後裔稱此山為劉王淵山，後因發音轉寫為劉王暈山。雖一千七百年過去，但當地人知道劉王即劉淵。

俯瞰千年水庫

　　至於那座祠堂，其名號應是劉王廟或漢光文皇帝廟、漢高祖廟之類。我在呂梁地區已經走訪和發現了多座這類紀念地。劉淵山上建立劉王廟祭祀場所，是理所當然之事。

　　天高雲淡，終於在呂梁山腹地找到了高山之巔的南匈奴營地遺跡，驗證了志書上的記載。

　　胡漢融合是呂梁歷史上最為複雜的篇章，我們需要從更多方面拼接民族融合歷史的碎片。劉淵山就是這樣的一處制高點，我們找到了它。

莊兒上村龍天廟碑

流傳

　　山風呼嘯，從山脈的東南方向出山，沿一寬廣的溝谷而下，到西華鎮附近即四十里跑馬堰地區。高山草甸上出現了牛群。海拔逐漸降到一千三百公尺左右。路過一村，名為莊兒上。玉米地裡出現一小丘，遒勁老松下有一廟，旁立數通石碑。近前端詳，最早為明萬曆四十五年（一六一七年）建立龍天廟碑，碑文載：「距永寧州百里，迄東瞳名千年都。陸土灘通靈感應之地，其名所以四境之方，東有羅葡山五嶽潮殿，南有汾陽郡蛟龍戲水，西有□□山磐石載，北有劉王壘前興龍之境。其殿龍天聖像正龕兩尊，牛王、土地，立侍童哥，出對入對，左判右鬼，一殿之眾。……今有莊中起意善士……普施粟財，重修莊嚴完備。亦是……」此後有清嘉慶元年（一七九六年）重修龍天廟碑，但清道光十九年（一八三九年）碑名為〈重修龍王殿碑誌〉。可見因龍天神威主在水利，道光時人不明來歷，稱龍天廟為龍王廟。萬曆碑文中「北有劉王壘前興龍之境」一語，可見劉淵山是本地區重要的地標，「前興龍之境」即指劉淵曾在此屯兵事。

下莊村東絕壁上的小堡遺址

　　途經文水最西部的下莊村，村東有一高聳凸出的絕壁。山崖上有一砂石砌就的小堡壘，未知何時所設。爬到殘破的石牆上，山風凜冽，小堡已經坍塌。這裡是小河谷的拐彎處，可觀察三個方向的情勢，是絕佳的軍事哨所位置。堡壘條石和岢嵐等地北齊長城的牆體頗有些類似，均為就地取材。下到公路邊，看到一廢棄磚窯，廢墟裡還有幾件殘碑。幸運的是，翻看一殘碑正面，碑文為〈龍天廟重修碑記〉，看來這裡也是一處龍天廟遺址。龍天是呂梁－汾河谷地的獨特神明崇拜，神主來歷與魏晉南北朝隋唐民族大融合關係密切。明清時，民間已對這段歷史難以分辨。這兩處龍天廟距劉淵山最近，或與南匈奴祖先崇拜有關。

龍天廟重修碑記

下莊東龍天廟殘碑

　　從下莊向東，可達蒼兒會，那裡的高爾夫球場北部有劉家嶂村，村中有劉王廟遺址。自劉家嶂村西北而行，亦可達四十里跑馬堰。

　　大東川河谷北側的陳家塔村尚存元漢光文皇帝廟碑，即所謂劉淵行宮碑。大東川河谷上四皓村曾發現元劉王廟醮盆石柱。這兩處劉王廟，民間俗稱行宮，與劉淵山上的祠堂一樣，都是祭祀劉淵的場所。

　　結合文獻與實地考察，我終於找到了它 —— 地處呂梁山核心的劉淵山，一座飽含南匈奴歷史文化的英雄的山。劉淵，匈奴漢國建立者，南匈奴後裔心中的英雄。劉淵山，英雄的山，得山川形勝，聚自然神韻，是南匈奴歷史文化遺存的制高點。

劉淵族屬與匈奴漢國前史釋疑

　　舊時所謂「五胡亂華」的始作俑者劉淵，其家事也成為那段紛亂歷史中的一團迷霧。劉淵，字元海，十六國時期首先在北方建立少數民族政權。自一九五〇年代以來，史學界對劉淵的匈奴貴族身分產生諸多疑問，有的更認為其並非南匈奴貴族子弟，而是屠各部人偽託。這段公案至今仍沒有比較全面的結論。

　　史學界對劉淵出身產生疑惑，最大原因是基本史料的相互矛盾。

俯瞰左國城

　　目前，我們了解匈奴漢國歷史的基本史料，不外乎《晉書》、《魏書》、《資治通鑑》。以《晉書》為核心，又以〈劉元海載記〉記述最為系統，史源很可能出自漢國御用史官著述，對劉淵家族事蹟描寫多有誇大和遺漏。其次是《晉書》的〈北狄匈奴傳〉，系統描述匈奴歷史脈絡，包括魏晉時期多批匈奴人進入內地的情況。《資治通鑑》的紀錄相對客觀些，但由於成書時代較晚，新材料不多。目前的爭論主題主要圍繞劉淵家族是否為匈奴單于後裔展開。

　　以下就幾個重點問題分別闡釋。

劉淵家族是否為南匈奴單于嫡系

　　南匈奴單于呼廚泉參加了曹丕代漢登基時的慶典。「公卿、列侯、諸將、匈奴單于、四夷朝者數萬人陪位」，「更授匈奴南單于呼廚泉魏璽綬，贈青蓋車、乘輿、寶劍、玉玦」。[03] 這也是史料中最後一次有關呼廚泉的記載。晉武帝即位大典在「泰始元年冬十二月丙寅，設壇於南郊，百僚在位及匈奴南單于四夷會者數萬人……」此匈奴單于名字失載。[04]

---

[03] 《三國志》卷2〈魏書·文帝紀〉，1959年版，第76頁。
　　　《文選》卷44〈檄吳將校部曲文〉，上海古籍出版社，1986年版，第1981頁：「大舉天師百萬之眾，與匈奴南單于呼完廚，及六郡烏桓、丁令、屠各、湟中羌僰，霆奮席捲，自壽春而南。」此是曹操伐孫權時發布的檄文。

[04] 《晉書》卷3〈武帝紀〉，中華書局1974年版，第50頁。
　　　《魏書》卷82〈常景傳〉，中華書局，1974年版，第1803頁：「昔咸寧中，南單于來朝，晉世處之王公、特進之下。」來朝洛陽的南匈奴單于未載其名，顯非呼廚泉。現存史料未見左賢王劉豹曾任單于的記載，此或另有其人。

　　顯然，從時間跨越的長度來看，西晉建國（二六五年）距曹魏建國（二二〇年）已有四十五年，如以東漢末興平二年（一九五年）於扶羅死，弟呼廚泉繼單于位計算，至此時已有七十年，呼廚泉仍在世的可能性很小。這位佚名的南單于在當時的魏晉政治上僅具象徵意義。

　　魏晉時，於扶羅子劉豹勢力在南匈奴五部逐漸壯大，劉豹子劉淵被魏晉朝廷召於洛陽為質子。以少數民族貴族子弟在首都為質子是秦漢以來朝廷對地方和邊地勢力上層的一種常見政治方法。一是做政治上的人質，另一目的是讓這些貴族子弟接受中原文化薰陶，更好地接受中央政府管轄。拓跋部沙漠汗就與劉淵一樣，入洛陽為質子。由於呼廚泉晚年命運不明，劉豹家族是否為單于後裔遭到一些學者質疑。[05]

　　關於劉豹生平履歷的質疑。如有論者分析其生卒年，認為如劉豹在泰始八年（二七二年）春去世，其於東漢末興平二年（一九五年）為左賢王、建安二十一年（二一六年）為左部帥，以二十歲任左賢王計算，可能壽達百年，他在七十歲生劉淵，顯得不近情理。[06] 因此，進而質疑於扶羅與劉豹是否為血緣父子關係。但這僅是一種推測，流亡在平陽的這

[05]　唐長孺：〈魏晉雜胡考〉，收入《魏晉南北朝史論叢》，三聯書店，1955年版，第396-403頁。
　　　林幹：《匈奴史》，內蒙古人民出版社，2007年版，第171-173頁。
[06]　唐長孺：〈魏晉雜胡考〉，收入《魏晉南北朝史論叢》，三聯書店，1955年版，第399頁。

支南匈奴勢力較弱，劉豹任左賢王時也可能在十歲左右。

現存史料不足，劉豹生卒年均不詳，其死年記載亦可能有誤。若如此，則劉豹家族為南匈奴單于後裔並無疑義。

下莊村東部崖壁

劉淵家族族屬

《晉書》記載:「屠各最豪貴,故得為單于。」[07] 匈奴單于家族的姓氏,西漢時記為攣鞮氏 [08],東漢時記為虛連鞮氏 [09]。《晉書》此句說明單于所出部落為屠各種。

屠各匈奴或匈奴屠各往往連成一詞。劉淵屬下多次被罵為屠各子、屠各奴。如王彌稱劉曜屠各子、介休縣令賈渾妻稱漢國軍人屠各奴等,都是蔑稱。[10] 屠各和匈奴的連詞或互稱,恰說明劉淵家族身為單于後裔在匈奴漢國建立過程中的絕對性地位和作用,以致南匈奴五部被徑直稱為屠各,是屠各涵義的泛化。

有休屠部是西漢時期匈奴屬部,投漢後該部王子金日磾備受漢武帝喜愛,這支匈奴人的上層漢化最早也是最深的。

近年多有研究者以休屠、屠各為一,認為屠各並非單于家族,劉淵家族是休屠人,推測其進入曹操分置的南匈奴五

---

[07] 《晉書》卷 97〈北狄匈奴傳〉,中華書局,1974 年版,第 2550 頁。

[08] 《漢書》卷 94 上〈匈奴傳上〉,中華書局,1962 年版,第 3751 頁:「單于姓攣鞮氏。」

[09] 《後漢書》卷 89〈南匈奴傳〉,中華書局,1965 年版,第 2944 頁:「單于姓虛連鞮氏。」

[10] 《晉書》卷 100〈王彌傳〉,中華書局,1974 年版,第 2611 頁,劉曜被王彌罵為屠各子:「彌怒曰:『屠各子豈有帝王之意乎?汝奈天下何!』」
   《晉書》卷 96〈列女傳·賈渾妻宗氏〉,中華書局,1974 年版,第 2512 頁:「介休令賈渾妻宗氏有姿色,劉淵將喬晞欲納之,宗氏罵曰:『屠各奴!豈有害人之夫而欲加無禮,於爾安乎?』」
   《晉書》卷 63〈李矩傳〉,中華書局,1974 年版,第 1708 頁:靳準向李矩言「劉元海屠各小丑」。

部地區，取得領導權，將原有南匈奴王室後裔排擠出去，休屠首領劉豹家族取得了南匈奴的單于位置。[11] 但現存史料中並沒有劉淵家族來自休屠部確鑿證據，休屠貴族化身匈奴單于的觀點有新意，但仍是臆斷。

劉淵家族來自休屠的假說有難以回答的問題 —— 劉淵若來自休屠部，進入南匈奴五部地區必有相當同部人遷徙而來，其下必有追隨者出現於史書。但在現存史料中未見一例。相反，我們看到，匈奴貴族指標大姓呼延、卜、喬等姓氏頻頻出現在十六國北朝歷史上，皇室劉氏在漢國政治人物中更是占據舉足輕重的地位。

有學者認為休屠和屠各本非一回事，這種誤讀成為對劉淵家族質疑的證據之一，也有學者認為，西晉以來，屠各含義逐漸成為內地漢化較深匈奴的泛稱，是概念上的轉化。[12] 我們看到，隨著十六國時期各民族逐漸混居、同化，屠各的含義從匈奴單于所屬部落名，擴大到南匈奴五部範圍，後又

---

[11] 陳勇：《漢趙史論稿——匈奴屠各建國的政治史考察》，商務印書館，2009年版。

[12] 休屠和屠各本非一部的考證分析，見陳琳國：《中古北方民族史探》，商務印書館，2010年版。屠各為內遷漢化匈奴之稱的觀點，見周偉洲：《漢趙國史》，山西人民出版社，1986年版。

泛稱與漢化匈奴關係密切的各類雜胡族群。[13] 屠各與匈奴的互稱，內涵泛化，恰是各類與匈奴有關的胡人進入內地後，打破原有部落生產生活方式，雜胡化進程中的重要代表。

劉淵家族成員和他們率領的漢國軍人被稱為屠各，恰是說明屠各種即單于所屬部落。匈奴漢國正是由匈奴單于家族後裔為首的南匈奴貴族建立的。對此，本無須憑空猜測。

總之，劉淵族屬問題，應在魏晉十六國民族融合的大背景下考量，進而研究、分析、闡發這一趨勢的流變以及對中國多民族國家形成、發展的影響。

單于家族改姓劉氏

呼廚泉、去卑之後，南匈奴單于家族改姓劉氏。曹魏時，匈奴劉氏已見於史書。

正始年間，「匈奴王劉靖部眾強盛，而鮮卑數寇邊。乃以禮為并州刺史，加振威將軍、使持節、護匈奴中郎將」[14]。此劉靖與單于家族的關係還不明確。

不久，鄧艾上書：「是時并州右（應為左）賢王劉豹並

---

[13] 《資治通鑑》卷 105〈晉紀 27〉，中華書局，1956 年版，第 3321 頁：「使趙秋說屠各畢聰。聰與屠各卜勝、張延、李白、郭超及東夷餘和、敕勃、易陽烏桓劉大各帥部數千人赴之。」畢、卜、張、李、郭在此均被視為屠各首領姓氏。這些被統稱為屠各的姓氏來源複雜，地緣因素遠大於血統。其中卜姓為匈奴貴族四姓之一，顯非來自狹義的屠各部。

[14] 《三國志》卷 24〈魏書·孫禮傳〉，中華書局，1959 年版，第 692-693 頁。

為一部。艾上言曰：……今單于之尊日疏，外土之威浸重。則胡虜不可不深備也。聞劉豹部有叛胡，可因叛割為二國，以分其勢。去卑功顯前朝，而子不繼業，宜加其子顯號，使居雁門。……大將軍司馬景王新輔政，多納用焉。」[15] 曹魏中後期，劉豹更並五部為一部，引起曹魏統治者的關注。鄧艾提出的建議，得到司馬師的採納。這裡談到「去卑功顯前朝」，即曹操時派右賢王去卑在平陽監國，而將單于呼廚泉軟禁於鄴城之事。去卑顯然是南匈奴中的親魏派，其子即劉猛。

劉淵字元海，頗符合漢人習慣。劉豹名則可能是直接來自意譯。劉聰、劉曜等也是受漢民族影響的漢名。劉豹到劉淵、劉聰、劉曜，三代劉氏貴族名，可看出明顯從粗放意譯到雅馴之名的修正過程，應是有意為之。為劉淵一族定漢名者可能是與之交好的儒者或洛陽權貴們。

胡人在啟用漢名之前，各有胡語本名。現在看來，劉淵家族改名徹底，加之原始檔案消失，已無法得知劉淵一族的匈奴語本名。南匈奴貴族大多同時改從漢地姓名。用漢名，說明劉淵家族的漢化程度較高，與其在洛陽接受漢文化教育關係甚大。

---

[15] 《三國志》卷 28〈魏書·鄧艾傳〉，中華書局，1959 年版，第 776 頁。

左國城內農家小院

　　臆斷劉淵家族為屠各，偽冒南匈奴單于後裔，這一假說的有關論述多主觀推測並無實據。僅憑對呼廚泉、劉豹的生卒年質疑不足以撼動正史史料。唐人修《晉書》，特為十六國史設「載記」部分，史源主要採自《十六國春秋》。儘管「載記」有很多不盡如人意的地方，但在史料極其匱乏的情況下，仍應以其內容為研究的基本出發點。

　　十六國史難治，難在史料不足和自相矛盾處往往難以詮釋。匈奴漢國歷史嚴重碎片化，那些尚未拼接上的部分恰為後人留下了迷人的待解之謎。

匈奴漢國因何短祚

　　匈奴漢國好似一顆流星，突然閃耀出巨大的光芒，但又很快消失在燦爛星空。

　　劉淵家族建立的漢國前後不到三十年，其消亡背景究其大者，不外以下幾點：

　　其一，匈奴貴族漢化與匈奴文化本體的矛盾和衝突。劉淵家族漢化雖深，但匈奴五部普通部眾和西晉末年新入塞的各種胡人的漢化水準則不可同日而語。[16] 同時，劉淵家族的漢化趨勢與匈奴民族文化的沿襲同時存在。劉聰多皇后並立事為漢族史官不恥，但明顯是匈奴閼氏制度的遺跡。後人詬病的漢國胡漢分治政策，其實是胡漢社會交融過程中的早期形態，也是符合社會形勢的可行做法。劉淵去世後，漢化一派不能控制局面，最有代表性的事件是劉聰連殺兩位被俘的西晉皇帝，民族矛盾仍然尖銳。

　　其二，漢國滅西晉而北方割據形勢已成。西晉亡，權力真空期之後，北方出現多個胡漢集團。匈奴漢國先與拓跋鮮卑交惡，後石勒強大，地方實力派歸附尚待時日。

　　其三，漢國統治階層內鬥、民族衝突導致政權統治基礎嚴重不穩。如劉聰時，歸附的氐羌部落大量叛逃。前趙在關中、隴右的統治也長期面臨諸多地方集團挑戰。

---

[16] 《晉書》卷 101〈劉元海載記〉，中華書局，1974 年版，第 2645 頁、第 2652 頁：「（劉淵）幼好學，師事上黨崔游，習《毛詩》、《京氏易》、《馬氏尚書》，尤好《春秋左氏傳》、《孫吳兵法》，略皆誦之。《史》、《漢》、諸子，無不綜覽。」劉淵子劉和「習《毛詩》、《左氏春秋》、《鄭氏易》」。
　　《晉書》卷 102〈劉聰載記〉，中華書局，1974 年版，第 2657 頁：「（劉聰）幼而聰悟好學，博士朱紀大奇之。年十四，究通經史，兼綜百家之言，《孫吳兵法》靡不誦之。工草隸，善屬文，著述懷詩百餘篇、賦頌五十餘篇。」

　　某位匈奴王子漢名劉淵，匈奴名已無考。經幾十年韜光養晦，劉淵集聚南匈奴五部力量，趁「八王之亂」舉起反晉漢旗。匈奴、漢朝曾勢若水火，附漢的匈奴後人卻自稱漢甥，改用漢朝帝姓，建國也稱漢國，甚至滅漢族西晉中央政權，一度成為北方霸主，打破了中國早期社會漢族統治核心的社會生態，這一過程好像是歷史和人們開了個巨大的玩笑，但確實具有劃時代的歷史意義。西元三一〇年，劉淵稱帝不久後去世。三一一年，漢國攻克西晉首都洛陽，俘晉懷帝，即所謂「永嘉之亂」。三一六年，漢國攻克長安，俘晉愍帝，西晉王朝覆滅。但漢國在劉聰死後的內亂中崩潰，繼承者前趙的統治核心區自晉南遷至關中。漢國瓦解後，部分南匈奴後裔與其他胡人在呂梁至隴東之間廣大地域定居融合，被稱為稽胡（山胡）。

　　匈奴漢國滅亡西晉，採取內地制度管理國家，開少數民族政權先河，其成敗得失也成為後世的經驗、教訓。十六國北朝時，後趙、前秦、北魏、北周的傑出人物在這條道路上不懈努力，終於實現北方再統一，為隋唐盛世奠定基礎。

　　在魏晉十六國北朝歷史演進圖景中，探索劉淵家族經歷和匈奴漢國興亡，疑問如冰釋，於理解中古民族融合發展歷程、南匈奴文化史跡遺存，均有現實意義，更增添了歷史的溫度。

南匈奴廢都　左國城懷古

　　北川河從北向南穿過大山，進入離石一帶的地勢平坦地區，繼續西流，匯東川、南川河為三川河，最後匯入黃河。這條方山的母親河上現在有一座巨大的橫泉水庫，是呂梁市離石區的重要水源。這條曾經水勢澎湃的河流，滋潤了呂梁山深處的山地丘陵，宜耕宜牧。河流左岸，有一大村名南村。村子東北部陡崖上，斷續的低矮夯土牆痕跡還十分清晰，那就是被人們遺忘、內遷南匈奴在內地最後的王庭所在地 —— 左國城。

從西側進入左國城

東漢後期，西元一四〇年南匈奴內亂。東漢政府將西河郡和單于庭從鄂爾多斯高原東遷到呂梁山區，南匈奴單于駐地單于庭即在左國城。這裡之前很可能已有戰國城邑、漢代皋狼縣城基礎。應該是在成為單于庭後，加築城牆，形成內外城格局。或是出於防禦需要繼續增建，現在仍可見外城東部和北部的多道平行外牆。之前的勘察大致弄清楚了內外城的範圍，發現了春秋至漢魏時期的小件文物和殘片。但城址內尚未開展系統考古工作。

　　來到村外，我走在平坦的塬上，這裡已進入夯土牆的內側。四面的夯土還斷續可見，圍起來好大一座山城！山城的北面和東面是斷崖，西面和南面是河谷。站在邊緣處，正是俯瞰整個北川河的絕佳位置。漢晉時河水豐沛湍急，左國城城牆下就是懸崖，下臨河岸，那場景應頗有氣勢。

　　土牆內被開墾為玉米地。翻耕後的地上要種植作物，我深一腳淺一腳地前行，不久鞋裡就灌滿了細細的黃土。城內的地面高低起伏，從東北最高處到西南最低處有幾十公尺高差。利用土坡的自然走勢，人們開墾出道道梯田。一個山凹處，兩位農民正在趕驢翻地，同時焚燒枯枝，清理土地。

　　「你們知道這是左國城嗎？這村裡還有姓劉的嗎？」

　　「是個老城吧！我們不姓劉，你找哪個姓劉的？」看他們忙著，我也不再打擾。

　　魏晉時，南匈奴貴族以自己是匈奴單于後人，號漢朝外甥，從漢朝皇帝姓氏，改為劉姓。此後幾百年中，呂梁山胡人中多有劉氏酋長見於史冊。

　　自西元一四〇年南匈奴東遷，至三〇四年劉淵在此聚眾稱漢王，一百六十多年間，左國城是南匈奴精神制高點，先是南匈奴單于駐地，單于體制被打破後，還是南匈奴五部心目中的中心。因此劉淵才回到左國城建都，團聚力量。

　　左國城之名來歷，或與位於北川河左岸有關，也可能與左賢王名號有關。在單于虛位的情況下，左賢王是最有權勢的匈奴貴族。

南村遺址附近春季播種場景

劉淵在左國城稱漢王三年後，南下開拓更大局面，後定都平陽（今臨汾市堯都區金殿鎮）。劉淵建立的匈奴漢國是西晉末年北方建立的第一個少數民族政權，其逐鹿中原的雄心，成為北方少數民族入主中原進而統一中國的先聲。石勒、苻堅、元宏、宇文邕等十六國、北朝著名人物正是在繼續、發展劉淵的事業。在這個意義上看，短祚的漢國、偏遠的左國城、劉淵本人無疑都是具有永久影響的歷史座標。

匈奴漢國實行的胡漢分治政策，曾被認為是失敗的民族政策。但作為內地第一個北方胡人政權，在沒有任何先例可以遵循的情況下，施行胡漢分治，未嘗不是可行的做法。後世北方政權建立之初，大都也採取了類似胡漢分治的國策。如北魏早期部落兵制（府兵制原型）、遼代兩面官體系、金代猛安謀克、清初八旗等。而在漢族王朝，兩漢時對少數民族歸化後設立屬國、都護府管理，其實也是胡漢分治政策。此後唐代羈縻州、元明土司制都是因地制宜的民族因俗分治。

左國城作為山城，偏安一隅易守難攻，是理想的軍事要塞。但匈奴漢國要對外發展，必然要走向汾河河谷，進而控制中原。左國城完成歷史使命後，逐漸被人們遺忘。這裡沒有十六國時被敵軍攻占後常見的破城悲劇。

歲月流逝，一千七百多年過去，時光機讓匈奴都城化作一片黃土耕地。在時間面前，任何歷史都是短暫的瞬間。

　　又是一年春草綠，又是一年芳菲盡。匈奴廢都左國城退
到了歷史帷幕的最後面，時間足以讓人們徹底遺忘，當年這
裡曾經有草原民族的彪悍和豪情、金戈鐵馬的戰陣。

　　我沿著夯土牆走了一段，終於還是沒有繞行一周。鬆軟
的黃土馬上就要播種，讓左國城靜靜地迎接這個春天吧。未
來的某個時候，能在這平靜的黃土高坡上再次發現讓我激動
不已的南匈奴輝煌史跡，我會再來，拼接那個漸行漸遠的
王國。

雪後再訪左國城

　　一個寒冬殘雪的清晨，我和方山諸君，再次回到了左國城。

　　從北牆上的城門遺址豁口進入南村的南北主街，舊時老宅大多是窯洞形式，近年村民翻建住宅，完整的老院已所剩無幾。過去主街中部有文昌閣，南部有魁星樓。主街南部東側有一大院，是昭濟聖母廟舊址。前些年，包括戲臺在內的古廟建築被拆，西邊塬上蓋起了新廟。廟前的泉水號稱神泉，多少世代以來一直是村民的飲用水源。距離北川河道如此近的位置有泉眼出現，說明此地自然條件之優越。

左國城殘雪

　　現在泉水被封閉起來保護，清泉汩汩從新建的龍口奔湧
而出，近前看，水質清澈。南村朋友們說，幾十年前，這水
他們都是直接捧到手裡喝的。

南村內神泉出水口

登上主街西側的土崗,來到一片十分平坦的塬面上。地面上有些殘雪,玉米收穫後的秸稈在寒風中挺立著。塬上是新建的聖母廟。南村盛時曾有廟十餘座,以昭濟聖母廟為最。院裡兩通撲倒在地的石碑,為明清時修廟功德碑。其中一通是明嘉靖七年(一五二八年)重修昭濟聖母行宮碑,碑文記述,廟前泉水甚大,在修繕時看到梁架上有元至正年號題記,昭濟聖母廟與太原晉祠主尊聖母崇拜有密切關係。可見南村長期以來一直是北川河谷的重要居住點。

重修昭濟聖母行宮碑

　　這個平坦的小塬被認為是南村遺址範圍內最早的城址 —— 春秋戰國時皋狼城邑所在，曾發現過同期小型青銅器。這裡三面被北川河及其支流溝谷環繞，據此可控制河谷，是經營呂梁山腹地的重要據點。由此也就不奇怪，為何一說三家分晉的緣起是智伯強求皋狼於趙襄子。春秋戰國時代呂梁山是戎狄活動範圍，趙在這裡的開拓，繼承了晉國在山西北部擴張的趨勢。

　　戰國皋狼邑在漢代成為皋狼縣所在，面積擴大，向東南方面新修城牆。漢代城牆跨越現在主街東側的丘陵，蜿蜒向南，至南側山崖處。下面是界溝，溝內有水流匯入北川河。西晉時城牆繼續向東側山頂延展，出現內、外兩城，估計是兩次向東發展的結果。外城南側某些地段還建起單獨向外延展的子牆，應是出於加強防務的目的。現在城牆遺跡最高處在外城的東南角，是俯瞰整個河谷的制高點。主牆和延展的子牆在此交會，呈十字交叉狀，海拔近一千兩百公尺。匈奴都城左國城被廢棄後，這裡未出現過更大規模和等級的居住區。因此，現存最外圈城牆內，即是南匈奴漢國首都左國城的遺址範圍。

　　一九九一年六月，《山西省地圖集》編輯部對南村遺址進行過測繪考察。考察後他們認為，戰國皋狼邑、漢皋狼縣、左國城內城、左國城外城的面積分別為 0.0064、0.31、

0.54、0.69平方公里。左國城遺址範圍內曾出土仰韶文化的紅陶雙耳平地瓶、杯、石鏟，龍山文化的灰陶碗、罐，戰國時的銅鏃、陶鬲、甕，漢晉時期的陶壺、盆、罐等。至今在夯土牆附近還能見到陶瓦殘片。

左國城面積雖然不大，但因在山地修建，尤其是左國城的外城，地面坡度達到了十八度，城牆周長達到四千三百一十五公尺。《晉書》卷一〇一〈劉元海載記〉記述，西元三〇四年南匈奴首領劉淵建都左國城後不久，前來歸附者幾萬人。這幾萬人可能不會全部居住在城內，但左國城需要足夠的房屋和物資儲備，才能支持新政權的初興。左國城分為內外城，可能也有分配不同人群居住的目的。

南匈奴自東漢內附以來，特別是東漢中期遷到呂梁山以後，逐漸漢化。單于庭駐於左國城，這座漢城得以繼續修建，擴大規模。築城技術應逐漸被南匈奴人掌握。左國城是一座山城，修建難度和技術比平地築城增加不小。高大的夯土牆是南匈奴人的傑作，草原民族歷史演變的標記。歷史上匈奴人築城的著名實例是赫連勃勃的統萬城。相比之下，左國城時代更早，是更應被記住的北方少數民族漢化的源頭。

古人在山區築城，多考慮安全第一，左國城就是如此：三面水流環繞，一面高山深谷，這樣的形勢，顯然是軍事考慮優先。左國城長期作為單于庭，各類建設自然不僅限於劉

淵建都的幾年時間。歷史文獻不足，更多細節還需要考古和文物證據。

　　一九九一年勘察時發現，現存外牆處有多個馬面遺跡，在主通道上有城門遺址五座，東牆有城門兩座。西城牆因河水沖刷、公路修建，已無法分辨。

　　時間過去了三十年，左國城遺址附近是村民的梯田，取土面積不斷擴大，沖溝發展很快，遺址遭到更多的自然和人為損壞。

南村遺址散落的陶片

從東南制高點沿引牆而行，在疑似內城的一個城門處，一段殘存的夯土牆體依然高大，層層夯土痕跡十分明顯。走在通向南側山崖的夯土牆上，可以明顯感到是個非常寬闊的平面，四名士兵騎馬並行也是足夠的。這個寬度足可比擬明清時的很多包磚城牆。在一處夯土剖面上，還可看到比較完整的漢魏繩紋陶片、板瓦殘片。早年這裡還曾發現青銅箭頭等物。據說幾十年來，文物販子曾多次到村裡探查，盜賣文物。

我站在海拔一千兩百公尺的制高點上，幾道城牆在面前蜿蜒起伏，遠處的山地、中間的北川河谷、南村的房屋，都在腳下。晴空萬里，天高地闊，豪情壯志，油然而生，左國城確是頗有氣勢的形勝所在。

這裡誕生過一段呂梁山腹地的英雄故事，這裡是魏晉北方民族大融合脈絡的第一地標，更是從十六國、北朝到隋唐盛世，這一中國歷史高峰發展軌跡的最初發源地。

不容樂觀的是，作為中國重點文物保護單位，南村遺址急需進行搶救性保護和發掘工作。我們希望自東周以來，凝聚胡漢文化，以南匈奴故都左國城著稱的這座遺址得以重生，成為後人理解中國歷史、民族大融合過程的重要實物證據，帶動南匈奴歷史文化遺產研究。

遺存至今的高大夯土牆體

左國城故都，南匈奴聖地。左國城是南匈奴文化遺產的核心。我們期待更多的發現，去拼接那些深藏在黃土地裡的歷史碎片。

回到山腳下，看到公路邊，一千七百多年來又出現了左國城的名字──左國城大酒樓。這是餐廳老闆聽從了南村閆先生的建議而取名。這個名字確實讓我很興奮。在這裡邊吃當地的錢錢飯，邊和王君、童童、薛先生暢談方山故事。

他們說，方山北部開府、馬坊一帶村落裡，過去結婚時送的大禮是活羊。這顯然為游牧習俗的當代延續。

在方山，匈奴一詞讀為 xiong nou，nou 讀平聲，為可愛、萌、美好之意。

後求證晉中祁縣、文水、汾陽等地朋友，他們也說在當地方言中的 nou，為平聲，寫作奴字。多為形容孩子可愛、喜人之意，有的地方特指女孩子。在此基礎上又有 nou nou、nou er 等詞。這些地方本是南匈奴五部分布地區，與方山均為南匈奴活動範圍。nou 雖寫做奴字，顯然其本意並非貶義而是褒義。

如此看來，xiong nou 一詞中，nou 為修飾詞在後，xiong 為名詞在前，即為美好的 xiong 人之意。匈奴無文字，對這一顯然的民族自稱，漢朝方面翻譯時故意使用侮辱意味的「匈奴」作為對應的音譯漢字。時間過去了一千七百年，nou

的美好寓意與對應漢字奴字的對立，還為我們保存下民族融合的最初形態。由方言破解匈奴的真實意義，也是南匈奴文化考察的意外收穫。

　　談笑間，時不時出現在窗外的，是山頂上時隱時現的夯土牆。時光流轉，物是人非。不忘初心，方得始終。

蔡文姬沒於南匈奴居地考

蔡文姬，東漢末年著名儒家學者蔡邕之女，中國歷史上著名的才女，其坎坷的人生經歷和作品廣為後世傳誦。蔡文姬在亂世中被擄入南匈奴事關乎魏晉十六國史，不可不查。

現在我們確知，蔡文姬居南匈奴十二年即在呂梁方山左國城，是南匈奴歷史上值得關注的亮點。在魏晉十六國北朝史、山西地方史、文化史研究方面均具學術和現實意義。

文姬事蹟見《後漢書》卷八四〈列女傳‧董祀妻傳〉。

「陳留董祀妻者，同郡蔡邕之女也，名琰，字文姬。博學有才辯，又妙於音律。適河東衛仲道。夫亡無子，歸寧於家。興平中，天下喪亂，文姬為胡騎所獲，沒於南匈奴左賢王，在胡中十二年，生二子。曹操素與邕善，痛其無嗣，乃遣使者以金璧贖之，而重嫁於祀……」[17]

傳文過簡，交代不清，文姬為胡騎所獲、沒於南匈奴左賢王、十二年後歸漢等事頗有疑點。

---

[17] 《後漢書》卷 84〈烈女傳‧董祀妻傳〉，中華書局，1965 年版，第 2800 頁。

左國城之冬

左國城之夏

　　1950 年代，有關「文姬歸漢」的話題，曾在文史學界引起一場討論。郭沫若發起，多位文史學者參與。後郭沫若的新編歷史劇《蔡文姬》由北京人民藝術劇院推出公演。那次大討論將有關蔡文姬的研究推進到了一個新的高度。

　　著名歷史地理學家譚其驤先生因有關歷史地理話題參與討論，發表〈蔡文姬的生平及其作品〉一文。[18] 譚先生大作以考證精細著稱，可以說大致釐清了文姬從被擄到歸漢的時間次序和地點。

　　譚文指出：文姬先為董卓手下的羌胡兵從家鄉擄掠，後不久送到南匈奴左賢王處；〈董祀妻傳〉所記「興平中」誤，應為初平三年（一九二年）；以在胡十二年計算，文姬歸漢時為建安八年（二〇三年）；文姬所沒於西河美稷南匈奴單于庭的左賢王，非在平陽的於夫羅、呼廚泉、去卑等人為首的一支；〈董祀妻傳〉載〈悲憤詩〉兩首為真，著名的〈胡笳十八拍〉為唐人擬作。

　　隨著文物考古工作和歷史研究的進展，我們發現，關於蔡文姬入南匈奴事，尚有可議之處。不揣冒昧，試為梳理，請教方家。

---

[18] 譚其驤：〈蔡文姬的生平及其作品〉，收入《長水集》，人民出版社，1987 年版，第 421-433 頁。

其一，東漢後期西河郡治東遷至今呂梁

東漢初年，匈奴內亂分南、北兩部。南匈奴投東漢，並助其攻滅北匈奴。此後，南匈奴漸為東漢附庸。漢庭將其各部安置於邊塞各郡，單于庭位於西河美稷，即西河郡治。並設使匈奴中郎將監控南匈奴。

東漢中期永和五年（一四〇年），南匈奴內部發生大規模叛亂，叛軍聯合鮮卑、烏桓、羌胡等北方游牧民族，攻殺東漢地方官吏。「遂寇掠並、涼、幽、冀四州。乃徙西河治離石，上郡治夏陽，朔方治五原。」[19] 可見，自永和五年（一四〇年）後，東漢的西北邊境地區受到南匈奴叛亂影響，東漢政府被迫將三郡治所遷移。其中西河郡治由美稷（今內蒙古準格爾旗暖水鄉榆樹壕古城[20]）東遷至離石（今山西呂梁市離石區）。

其二，隨西河郡治東遷後的南匈奴單于庭在左國城

南匈奴單于歸附後長期被東漢政府安置在美稷。西河郡東遷，南匈奴王庭也隨之一起遷來。東遷後的南匈奴王庭，即在左國城。《晉書》卷一〇一〈劉元海載記〉明確記載：

---

[19] 《後漢書》卷 89〈南匈奴列傳〉，中華書局，1965 年版，第 2942 頁。
[20] 王興峰：〈漢代西河美稷故城新考〉，《中國邊疆史地研究》2016 年第 1 期。

「建武初，烏珠留若鞮單于子右日逐王比自立為南單于，入
居西河美稷。今離石左國城即單于所徙庭也。」雖未明言自
美稷內遷離石的時間，但點明左國城即內遷後的單于庭。[21]

　　左國城即在今方山縣南村遺址，是中國重點文物保護單
位，距離石三十公里。該城址遺跡雄據於北川河東岸高崗之
上。遺址範圍和附近曾有新石器時代－漢晉文化層文物出
土，如陶、瓦、箭頭等。

　　東漢後期西元一四〇年後，南匈奴單于庭隨西河郡東
遷，在今方山左國城。初平三年（一九二年）後，蔡文姬
「沒入南匈奴左賢王」，自然是在南匈奴首腦駐地。

其三，負監管南匈奴職責的使匈奴中郎將官署機構在離石

　　墓室有精美的畫像石是東漢墓葬文化的一大特點。在陝
北發現的紀年漢畫像石時間為東漢永元二年（九十年）至永
和四年（一三九年），在呂梁發現的紀年畫像石則從和平元
年（一五〇年）至熹平四年（一七五年）。這個時間前後大
致銜接，正說明呂梁的畫像石文化是在西河郡治所遷徙到離
石後逐漸發展起來的。

---

[21] 《晉書》卷 101〈劉元海載記〉，中華書局，1974 年版，第 2645 頁。

目前已發現標明紀年的呂梁畫像石墓有如下幾座：

▶ 馬茂莊左表墓，和平元年（一五〇年）。

▶ 中陽道棠村沐叔孫墓，和平元年（一五〇年）。

▶ 離石下水村漢畫像石墓，延熹四年（一六一年）。

▶ 馬茂莊孫顯安墓，建寧四年（一七一年）。

▶ 馬茂莊牛產墓，熹平四年（一七五年）。

牛產漢墓石門

　　左表墓發現於一九一九年。其中火牛陣、竊符救趙等歷史故事題材的畫像石十分精美，存太原、離石兩地博物館。兩根刻石銘柱早年被盜賣到國外，現存加拿大多倫多博物館。其銘文為「和平元年西河中陽光里左元異造作萬年盧

舍」,「使者持節中郎將莫府奏曹史西河左表字元異之墓」。墓主左表,擔任監督南匈奴事務主官使匈奴中郎將幕府中的奏曹史,應執掌對南匈奴的文書往來、接納貢物等事,是一個職小權大的美差。[22]

使匈奴中郎將是東漢政府派出監督管理南匈奴事務的主官。東漢後期使匈奴中郎將多次參與南匈奴內部紛爭,甚至出現擅殺單于的嚴重事件。單于的威望也在動盪中漸被削弱。

沐叔孫墓出土石柱

沐叔孫墓出土畫像石等文物陳列於離石漢畫像石博物館。石柱上銘文為:「和平元年十月五日甲午故中郎將安集掾平定沐叔孫室舍。」沐叔孫和左表一樣,都是使匈奴中郎將的下屬官吏。沐叔孫擔任的應是安集掾史。兩人的去世時間同年,在和平元年(一五〇年)入葬精緻畫像的石墓,需要相當的物質基礎。

[22] 謝國楨:〈跋漢左元異墓石陶片拓本〉,《文物》1979 年第 11 期。

東漢時「（使匈奴中郎將）擁節，屯中步南，設官府掾史，單于歲遣侍子來朝，謁者常送迎焉。得賂弓馬氈罽他物百餘萬。謁者事訖，還具表付帑藏。詔書敕自受」[23]。

左表、沐叔孫這些使匈奴中郎將屬官的財富累積可能與南匈奴王庭的往來密不可分。

為便於監管，西河郡治和南匈奴單于庭在地理上是相近的。使匈奴中郎將下屬左表、沐叔孫等人墓地在呂梁，說明東漢後期使匈奴中郎將官署或派出機關應設於東遷後的西河郡治離石。

近年來，呂梁方山縣文物部門又在左國城北數公里的興隆窪村發現多件畫像石，從形制和線刻圖內容看，均與現呂梁漢畫像石博物館收藏畫像石高度近似，應為東漢後期漢人官吏墓地之物。

---

[23] 《後漢書志》第 28〈百官五〉，劉昭注引應劭《漢官》，中華書局，1965 年版，第 3626 頁。

南村遺址夯土層

其四，關於左賢王

　　東漢靈帝中平五年（一八八年）南匈奴再次發生嚴重內亂。羌渠單于被殺，其子於夫羅繼單于位，殺羌渠的族人則以須卜骨都侯為單于，雙方互相爭奪。

　　於夫羅請求東漢政府支持未果，停留於平陽地區，後帶兵參與東漢內戰。其手下右賢王去卑是得力幹將。後於夫羅去世，弟呼廚泉即立，以於夫羅子劉豹為左賢王。這支從呂梁到晉南的南匈奴人數並不多。

「須卜骨都侯為單于一年而死，南庭遂虛其位，以老王行
國事。」[24] 可見，須卜骨都侯單于去世後，在左國城的南匈
奴單于庭空位，南匈奴老王代行國事。所謂老王，即年長位
尊的部落酋長。當時可能採取了某種軍事民主議政制度。匈
奴內部統治階層中單于為最高統治者，一般情況下，單于的
第一繼承人是左賢王。單于雖空位，左賢王以下的王侯名號
還是存在的。

蔡文姬所沒之左賢王應即此時老王集團中的左賢王，是
掌握南單于庭事務的最高權力者。

文姬沒於左賢王，有二子。史書未記其名。此二子胡漢
混血，為左賢王庶子。時文姬並未獲得後人附會所謂王妃
身分。

〈董祀妻傳〉中沒有記載左賢王名。顯然這位老王集團
的左賢王，與平陽於夫羅之子左賢王劉豹並非一人。

譚文考證，蔡文姬被擄到南匈奴在初平三年（一九二
年），歸漢時間在建安八年（二○三年）。蔡文姬居南匈奴
十二年，其核心活動地區即南匈奴單于庭所在地左國城。當
然，此時的南匈奴生產方式應為半農半牧。左賢王營帳在呂
梁地區流動也是可能的。

白曹操取得并州後，刺史梁習對南匈奴進行有力的管

[24]《後漢書》卷89〈南匈奴列傳〉，中華書局，1965年版，第2965頁。

控和彈壓,從「胡狄在界,張雄跋扈,吏民亡叛,入其部落」,到「單于恭順,名王稽顙,部曲副事供職,同於編戶」。[25] 雖然沒有細節敘述,但顯然南匈奴各部(包括左國城的老王集團、平陽流亡集團)在地方政府有效管轄之下,單于和名王(即左賢王、右賢王等南匈奴貴族階層)都被管束,這裡的單于即呼廚泉,名王裡自然包括左國城單于庭的老王集團,其中即有與蔡文姬生育二子的左賢王。

東漢政府對南匈奴的管理恢復正常,蔡文姬沒入左賢王的事可能在日常往來中被得知,後傳到曹操處,才引出了所謂「文姬歸漢」的佳話。

在梁習治下,老王集團左賢王自然不能有異動。有觀點認為從贖字看,文姬在左賢王帳內女眷中的地位也是不高的。從〈悲憤詩〉兩首和〈胡笳十八拍〉文字中也可看到文姬生活困苦的情形。〈胡笳十八拍〉雖已非文姬原文,但觀其主旨亦不脫〈悲憤詩〉範圍。匈奴習俗,女人和象徵財富的牲畜、珍寶等類似,均為主人擁有的資產。曹操用金璧贖之也是可以理解的。

文姬歸漢,其二子留居南匈奴。史書沒有記載二子事蹟,但蔡文姬和昭君一樣,都在匈奴留下後代,這些民族混血的種子,多少都會對內遷匈奴的漢化產生些影響。

---

[25] 《三國志》卷 15〈魏書.梁習傳〉,中華書局,1959 年版,第 469 頁。

　　梁習治下的南匈奴恭順，文姬歸漢、南匈奴劃分五部、呼廚泉被留鄴城、去卑監國……南匈奴政權一步步走向空殼化。

　　「建安中，魏武帝始分其眾為五部，部立其中貴者為帥，選漢人為司馬監督之。魏末，復改帥為都尉。」[26] 南匈奴分五部的安排，應該是政府主導將平陽匈奴和南匈奴王庭本部匈奴復合為一，分駐汾河各地。曾為平陽匈奴的左賢王劉豹擔任五部整合後的左部帥，為政府任命，其權勢與文姬所歸時的老王集團左賢王難以比肩。

　　劉淵族祖劉宣是劉淵建國的謀主，他曾說：「自漢亡以來，魏晉代興，我單于雖有虛號，無復尺土之業，自諸王侯，降同編戶。」[27] 劉淵之左賢王、劉猛之右賢王、劉宣之左賢王，此類王號，如劉宣所說，空有其名，已喪失了本來的權勢。部帥和都尉是魏晉政府官員，南匈奴部眾漸納入國家行政管理體制。

　　世事難料。曹操分五部意在分散南匈奴勢力，其謀劃或出自梁習。但隨著西晉政權在八王之亂中迅速衰落，劉淵聚

---

[26]　《晉書》卷 97〈北狄匈奴傳〉，中華書局，1974 年版，第 2548 頁。
　　　《晉書》卷 101〈劉元海載記〉，中華書局，1974 年版，第 2645 頁：「魏武分其眾為五部，以豹為左部帥，其餘部皆以劉氏為之。太康中，改置都尉。」〈劉元海載記〉和〈北狄匈奴傳〉文字出處有不同。〈劉元海載記〉或出自《十六國春秋》，多有美譽。
[27]　劉宣曾任右部都尉、北部都尉、左賢王。《晉書》卷 101〈劉元海載記〉，中華書局，1974 年版，第 2647 頁、第 2654 頁。

集力量，形成南匈奴五部政治核心，終於建立匈奴漢國，建都左國城，在南匈奴歷史進程中具有重大意義。南匈奴的後人走得比祖先更遠。

左國城是南匈奴的政治中心和精神高地。單于庭置左國城始於西元一四〇年，至三〇四年劉淵建立匈奴漢國，一百六十多年間，左國城初為內遷單于庭，漢末單于虛號，老王行政。魏晉五部劃分後，南匈奴漢化進程加速，單于庭名存實亡，西晉末年再次成為劉淵建國的大本營。

潛龍碧血化清流 —— 龍子祠懷古

　　臨汾古稱平陽。平水出於姑射山麓龍子祠泉。龍子祠當地亦稱龍祠。龍祠，匈奴祭天大會之地。地名背後隱含著一段十六國民族融合的大歷史。

　　西元三〇四年，南匈奴貴族劉淵在左國城建立匈奴漢國，開啟十六國序幕，幾年間逐漸控制晉南大部地區。為便於開拓，漢國都城從左國城遷到蒲子，後定平陽，就是現在臨汾西南金殿村一帶。三一〇年劉淵於平陽去世。劉淵過早去世對匈奴漢國發展造成重大影響。

龍子祠泉現狀

目前多有研究者認為金殿村是漢國都城位置，這裡的村落間幾十年前還有明顯的城垣遺跡，周圍村名花園、城坡、城居、壇地、桑園等，或與匈奴漢國都城有關。

傳奇歷史

劉淵建立都城，對城市建設和規劃都應有系統規劃和措施，城市水源管理和利用是其中的重要內容。傳說劉淵在修建都城時，曾經發生過一件靈異事件：

劉元海城。晉永嘉之亂元海僭稱漢，於此置都，築平陽城。晝夜興作，不久則崩，募能城者，賞之。先有韓媼者，於野田見巨卵，傍有嬰兒，收養之，字曰橛兒。時已四歲，聞元海築城不就，乃白媼曰：「我能城之，母其應募。」媼從之。橛兒乃變為蛇，令媼持灰隨後，遺志焉，謂媼曰：「憑灰築城，可立矣。」竟如所言。元海問其故，橛兒遽化為蛇，投入山穴，露尾數寸。使者斬之，仍掘其穴，忽有泉湧出，激溜奔注，與晉水合流，東入於汾。至今近泉出蛇，皆無尾，以為靈異，因立祠焉。[28]

---

[28] 《太平寰宇記》卷43〈河東道四〉，中華書局，2007年版，第898-899頁。《搜神記》卷14，中華書局，1979年版，第172頁：「晉懷帝永嘉中，有韓媼者，於野中見巨卵。持歸育之，得嬰兒。字曰橛兒，方四歲，劉淵築平陽城，不就，募能城者。橛兒應募。因變為蛇，令媼遺灰志其後，謂媼曰：『憑灰築城，城可立就。』竟如所言。淵怪之，遂投入山穴間，露尾數寸，使者斬之，忽有泉出穴中，匯為池，因名金龍池。」汪紹楹校注認為此條本非《搜神記》內容。

故事的主人公是名叫橛兒的四歲神童，看到劉淵築城連連失敗，百姓受苦，主動申請築城。劉淵不信，但橛兒果然在飛沙走石的深夜築城成功，百姓不必再受難。劉淵擔心神童日後為亂，派人圍剿，神童變為銀蛇向石縫鑽去。軍人砍殺，斬斷了蛇尾，鮮血汩汩流出，隨後變成了山泉水。

此故事亦收入清代著名文人、《桃花扇》作者孔尚任編撰的《平陽府志》。

雖然是個神奇的故事，但從中可見，劉淵在平陽建都，必有一番城市建設規劃，而且得到了落實。水是城市的命脈，在築城的同時，漢國對龍子祠泉水進行了修繕和利用。這一歷史事件正史沒有留下記載，在地理志書中卻以神話形式曲折地保留下歷史痕跡。這也是文獻中關於利用龍子祠泉水的早期記載。

水神護佑

後人以橛兒為真龍顯身，為民送水，當地稱蛇為小龍，此泉即是龍子泉，又建造龍子祠。關於泉水，民間還有水母娘娘的故事，類似晉祠難老泉的傳說。[29]

泉水來歷在歷代故事中被不斷神話，南匈奴漢國的歷史與神話故事早已合體。

---

[29] 周亞：《晉南龍祠──黃土高原　個水利社區的結構與變遷》，商務印書館，2018 年版，第 49-54 頁。

掛龍子祠匾額的復建山門

　　路邊較新建築群由天龍寺、法顯紀念館、康澤王廟組成。內部通聯為一體。路側一座三開間懸山頂山門殿，掛龍子祠匾。門內多通歷代重修石碑。現存元至元二十三年（一二八六年）增修康澤王廟碑、元元貞二年（一二九六年）重修康澤王廟碑、元至正九年（一三四九年）重修普應康澤王廟廡碑等，是民眾修繕水利的重要歷史證據。目前已知最早的修繕文字為已佚金大定十一年（一一七一年）《□□康澤王廟碑記》，記載龍子祠神廟來歷頗詳盡：

　　泉之旁有舊祠，世祀神龍，為此水之主。者耋相傳，劉元海僭據時，重築陶唐金城，晝作夜壞，募能成者，先有韓媼，田間見巨卵中有嬰兒，收養之。時年數歲，白媼曰：

「我能城，可旗慕取。」即化蛇引前，教嫗持灰隨志於後，從築而城成，蛇入岩穴不復出。元海之使窮掘其處，有泉湧出，遂資以灌溉。新舊《圖經》、《寰宇記》並載其事，後因祀之，曰龍子祠。千里之內，遇旱乾致禱即應。宋熙寧八年，守臣奏請封澤民侯，廟額曰「敏濟」。崇寧五年再封「靈濟公」，敕曰：「凡厥禱祈，應不旋踵。」宣和元年加「康澤王」。廟有唐天祐二年、宋寶元三年、政和四年感應碑。傳祀既久，官民崇敬。廟制寢廣，嘉木蔽翳，清流白石，為州之勝地……[30]

元代重修康澤王廟碑碑首

---

[30] 《三晉石刻大全·臨汾市堯都區卷》，三晉出版社，2011 年版，第 423 頁。

此碑文所載橛兒事與《太平寰宇記》頗同，且提到了在當地的新舊《圖經》、《太平寰宇記》中亦有載。所言劉淵所建之城名陶唐金城，可能來自匈奴漢國為其都城賦予的佳名。金城之名亦與今金殿暗合。《太平寰宇記》記為劉元海城，顯非本名。

碑文又載因祈雨靈驗，龍子祠神尊號於北宋末年為康澤王，並延用至金元時期。從碑文記錄前代之多通水神感應碑，可追溯此廟至少在唐末天祐二年（九〇五年）已有。

龍子泉又名平水泉，自古以來就是臨汾地區民眾用水的重要來源。劉淵建都金殿時，必會進行城市用水的管理。此後歷代，龍子祠泉水均為地方水利命脈，水神祭祀也日益成為一方盛事。這是民間故事將漢國城市建設和泉水故事結合一處的背景。

潛龍碧血

潛龍碧血化清流的故事，與西晉當時的社會風俗有關。潛龍在淵，本出自《周易·乾卦》。又有爻辭，九五：飛龍在天，利見大人。所謂君子要待時而動，善於保存自己，不可輕舉妄動。這很符合劉淵起兵前的處境。劉淵字元海，這個名字與乾卦具有對應關係。

劉淵「幼好學，師事上黨崔游，習《毛詩》、《京氏易》、《馬氏尚書》，尤好《春秋左氏傳》、《孫吳兵法》，略皆誦之，《史》、《漢》、諸子，無不綜覽」[31]。如果這些記載屬實，了解《易經》的劉淵，有可能利用乾卦內容自我標榜。匈奴貴族子弟能有如此儒學素養，難免有所誇大，但也不應盡是空穴來風。

劉淵為潛龍，神童為小龍（蛇），已將尊卑主次暗線埋下。現在的神話範本中，神童化蛇被殺情節類似劉邦斬蛇起義故事，或許是類似底本在不同歷史氛圍裡的又一翻版。

兩晉時期是中國古代小說發展的初期，曾經出現很多被稱為志怪類的古小說，即使在正史中也能發現很多看起來荒誕不經的內容。時人並沒有認真加以區分，如《西京雜記》、《搜神記》都是流傳下來的這類著作。其中很多篇章被後人作為故事核心架構繼續加工，隋唐的傳奇小說就是由此發展而來的。

龍祠這一傳奇故事中，水神神童助劉淵修城的線索，符合漢國御用文人為造神，附會潛龍在淵，彰顯漢國合法性的目的。但故事裡又透過殺害神童對漢國施政進行了隱晦的抨擊，這或許是胡漢文化交會的折射。

---

[31] 《晉書》卷101〈劉元海載記〉，中華書局，1974年版，第2645頁。

如詞盛會

《史記》卷一一○〈匈奴列傳〉載:「歲正月,諸長小會單于庭,祠。五月,大會龍城,祭其先、天地、鬼神。」[32]《漢書》卷九四上〈匈奴傳〉也載:「歲正月,諸長小會單于庭,祠。五月,大會龍城,祭其先、天地、鬼神。」

《後漢書》卷八九〈南匈奴列傳〉載:「匈奴俗,歲有三龍祠,常以正月、五月、九月戊日祭天神。南單于既內附,兼祠漢帝,因會諸部,議國事,走馬及駱駝為樂。」[33]

龍子祠泉池中的魚苗群

---

[32] 《史記》卷 110 下〈匈奴列傳〉,中華書局,1963 年版,第 2892 頁。
    《漢書》卷 94 上〈匈奴傳〉亦載此句,「蘢」寫為「龍」,以後文獻均作「龍城」。《漢書》卷 94 上〈匈奴傳〉,中華書局,1962 年版,第 3752 頁。
[33] 《後漢書》卷 89〈南匈奴列傳〉,中華書局,1965 年版,第 2944 頁。

　　每年的龍祠大會是匈奴民族盛大的節日，祭祀祖先、天地神明，各部聚會，休閒娛樂。這樣的場面類似蒙古人的長生天崇拜、那達慕大會等內容的大集合。平陽龍祠顯然是繼承了匈奴傳統風俗的祭祀地。

　　龍祠之名來自匈奴風俗。匈奴漢國首都需要建立龍祠這一民族祭拜的代表場所。平水泉出露，地處大山和平川交界地帶，地形殊勝。作為龍祠是合適的。劉淵、劉聰父子在平陽建都十年，龍祠是漢國重要的祭祀地。[34]

　　水神崇拜、匈奴民俗、劉淵建都、易學、讖緯……多層來源，雜糅一處，共同構成了這個神奇而又引人思考的民間傳奇故事。潛龍、築城、泉水、建祠，故事元素豐富。

---

[34]　王汝雕：《臨汾建置沿革》，山西人民出版社，2006年版，第112-113頁：「在當年的『龍祠』，建有專門用於祭祀的大單于臺。」單于臺、單于左右輔是匈奴漢趙國胡漢分治政策下管理各類胡人的機構，北用於祭祀。
　　《晉書》卷101〈劉元海載記〉，中華書局，1974年版，第2652頁：劉淵去世前，「置單于臺於平陽西」。
　　《晉書》卷102〈劉聰載記〉，中華書局，1974年版，第2695頁：「單于左右輔，各主六夷十萬落，萬落置一都尉。」
　　《晉書》卷103〈劉曜載記〉，中華書局，1974年版，第2699頁：「置單于臺於渭城，拜大單于，置左右賢王，以下皆以胡、羯、鮮卑、氐、羌豪傑為之。」
　　《三晉石刻大全·臨汾市堯都區卷》，三晉出版社，2011年版，第46頁：元至元二十三年（1286年）〈增修康澤王廟碑〉載：「每春季月，農功方始，闔境親還迎休，擊羊豕，伐鼓嘯命，節迎享送為樂。故四方香火者莫不期一到，遊觀者莫不為一日留。」元人對龍祠春天廟會場景的紀錄，頗有些匈奴龍祠大會的影子。
　　《魏書》卷106上〈地形志上〉，中華書局，1974年版，第2477頁。載有晉州平陽縣有龍子城，或與龍子祠有關。

　　回溯傳說，我們饒有興趣地看到，歷史經過歷代解讀和不斷演繹，造就了複雜的形態。從複雜的呈現中力圖復盤其最初來歷，如探案一樣充滿了不確定性。

　　龍子祠山門邊，老人們悠閒下棋，我倚在石碑旁觀戰。當年這裡是祭拜匈奴祖先的龍祠。西側不遠泉水所在，千百年來是臨汾郊外遊覽勝地。[35] 康熙四十六年（一七〇七年）二月一日，主持編撰《平陽府志》的孔尚任來此遊歷，有詩〈二月朔日同人遊龍子祠分韻〉：「遠隔紅塵世外幽，宜人景物失鄉愁。含煙店柳從容發，破凍山泉放肆流。」

　　現在，這一帶兩千多平方公里土地被劃為泉域保護範圍。當年泉眼成群，奔湧的地下水如今已被圍在南北兩個幾百公尺見方的大水池裡。隨著環境變化，水面上再難看到明顯的水頭，當然也無法再「放肆流」。不過還是清水見底，有小魚群游弋其中。池南一條引水渠向東南延伸，樹影婆娑，水流清澈。這條水流至今滋潤著附近多個村落的農田。

　　一股水流穿過金殿村中心小橋，幾位農家女還在水邊洗涮。橋邊僅存村裡唯一老院，主人還是劉氏。漢國平陽大亂已過去一千七百年，我恰在此時回到金殿村。

　　日落西山，龍祠池邊，看水平如鏡，天光漸暗。匈奴漢國好像只是水下的一道暗流，早已不知去向。

---

[35]《元和郡縣圖志》卷 12〈河東道一〉，中華書局，1983 年版，第 337 頁：「龍子祠，在姑射山東平水之源。其地茂林翳鬱，俯枕清流，實晉之勝境也。」

龍了祠泉引水渠

龍子祠泉水流經金殿村中心老院

祭祀

　　文化遺產中的祖先祭祀活動帶有鮮明的民族文化屬性。在南匈奴文化中，祭天祭祖一直是最為宏大的民俗活動。山西南匈奴後裔的祭祖場所，是以劉淵神廟的面貌出現的，有的遺存至今，有的歷史存在有史料可考，可知有劉王廟、漢光文皇帝廟、漢高祖廟、漢王廟、劉淵行宮等多種名號，地理分布於離石、臨縣、中陽、文水、汾陽、晉源等地。南匈奴後裔漢化後，經歷千年，仍可尋到若干南匈奴祭祀地遺跡，是長時段探究民族融合嬗變過程的極佳史料，同時亦讓人驚嘆於匈奴民族文化悠遠綿長的生命力。

東川河谷劉淵行宮

東漢後期，南匈奴內遷定居於呂梁山區。西晉末年，南匈奴首領劉淵在北方首先起兵反晉，開啟十六國－北朝歷史序幕。近年考察中，我發現兩處東川河谷地區的劉淵行宮遺跡，為認識胡漢融合的歷史過程提供了新的實物證據。

陳家塔行宮

自離石經東川河谷，進入汾河河谷，可到達汾陽、介休等地。這條路線是一條古道，也是現在高速公路、國道通過的地方。

一天下午，我來到大東川河谷陳家塔村北的凸出高崗上的五道廟，欣喜地在草叢裡看到元人所立重建漢光文帝廟碑，碑文為元代附近村社民眾自發集資修繕廟宇的紀錄，由汾州西河縣楊泉里丹青處士篆額並書丹。

同時碑文大致敘述南匈奴南遷、劉淵建國，後為神明之事。

神有威靈，人心共用。人有誠功，神明相助。時豐歲稔，賴帝王之洪恩，國泰民安。假神明之厚蔭，既蒙其德，宜祭以時恭謹。漢光文帝，尊神者，昔日明王，今世靈神。三皇五帝之苗裔，播遷於遠久矣。車書不同，漫不可考。蓋

厥祖積德之深，得志行乎中國，或王或霸。如秦苻堅、魏拓跋氏，莫不為一代之賢。文章禮樂六藝可觀，又未可以春秋之法斷之也。昔日漢光文帝冒頓之後。漢高祖以宗女妻冒頓，子孫遂冒劉氏。建武初烏孫留若鞮自立為南單于。居西河美稷。今離石左國即單于所徙庭也。父豹左賢王。魏武分其眾為五部，皆家晉陽汾澗之濱。豹妻呼延氏夢吞卵而生光文，有文在其手曰淵，因以為名焉。字曰源海。生而異徵，長而好學，經史兵法，靡不涉獵。嘗謂同門曰，吾妙絕於眾，膂力過人。身高八尺四寸，髮長三尺有餘，中有赤髮三根，長三尺六寸。泰始之後，建國成邦，再不可言。後諡漢光文帝。此處建立行宮，立其廟貌。歲月以久，風雨壞朽，鄉人嘆之曰，亦可重修糺輯，無其敢承者……

　　碑文前講：「人有誠功，神明相助。時豐歲稔，賴帝王之洪恩，國泰民安。」後敘述劉淵故事：「漢光文帝，尊神者，昔日明王，今世靈神。三皇五帝之苗裔，播遷於遠久矣。」「蓋厥祖積德之深，得志行乎中國，或王或霸。如秦苻堅、魏拓跋氏，莫不為一代之賢。」而「又未可以春秋之法斷之也」。可見元人對十六國—北朝政權的態度。此後碑文追溯南匈奴歷史，記述劉淵事多取自《晉書》卷一○一〈劉元海載記〉。只是在烏孫留若鞮單于事後，徑直接入「今離石左國即單于所徙庭」一語，顯得突兀。

碑文為神話劉淵，將歷史事實稱為劉淵的預言。所謂
「嘗謂同門曰，吾妙絕於眾，膂力過人。……泰始之後，建
國成邦，再不可言。」

「後諡漢光文帝。此處建立行宮，立其廟貌。」在此地建
廟紀念劉淵的，顯然是南匈奴後裔。

隨後敘述附近民眾捐資修廟事，其中提到同時建廣禪侯
神祠一座。可見這個小山崗上是元代民間神明的集中供奉
地，劉淵廟或謂行宮是其中之一。廣禪侯廟是獸醫馬王爺的
崇拜祭祀場所。民間有北宋時晉城獸醫常順醫治北宋軍馬的
故事。馬王爺崇拜的延續說明這一帶在元代依然是農牧兼作
區。碑文落款「大元後至元二年歲次丙子仲夏□□日立」。
推算干支可知，立碑時間為元順帝至元二年（一三三六年）。

高崗上的陳家塔元碑

田野中的元重建漢光文帝廟碑（局部）

元重建漢光文帝廟碑碑首題字

　　有趣的是，此深埋入土的石碑，後代放反了方向，碑陽文字朝北。書寫捐資人題名的碑陰一面卻朝南：碑首「惟願建立之後，人口無災，六畜興旺，田蠶萬倍」，透露出元代東川河一帶農牧業生產情況。下部是捐資人名單，重建此廟的功德主以張進家族為首。碑文中記載，首先倡議捐資修廟的是當時的「社長」張進之子——張子實。右側記錄都維那二人，石灰維那一人。左側記錄有「本州在市高副使、當里傭勸佃客曹福」等人，「梓匠石窟村翟庭實」，屋瓦匠、鐵匠的人名等。佃客也列入到捐資名單裡，對了解當時的社會階層和生產關係是有價值的資料。

　　元代碑文表明，元代劉王廟即劉淵行宮曾得到村民集資

修繕。自十六國至元，千年時光，劉淵從人到神，被尊為地方神靈，其故事在民間廣為流傳。

夕陽下，村民在附近收拾作物，石碑周圍是茂盛的野草，我試圖拔一些，看碑文更清楚些。斑駁的元碑與村民的生活很遠了。今年雨水大，田裡的黍子生長的狀況很好，這對靠天吃飯的大東川農民來說是好消息。

上四皓行宮

東川河邊有上四皓村，村北高崗上舊有關帝廟。二〇〇八年，文物部門在這裡發現了一件元代石刻文物。十年後，經王先生指引，我在文物庫房裡找到了這件文物，其外表似經幢，為六面體，各面均有銘文。

石柱上的元代銘文

拂去積塵，借助手電筒的光，逐漸看清銘文，錄文於下：

創建本廟醮盆一座，龍岩院住持僧講主李義珪。

神有威靈，人心共用。人有誠功，神明相助。時豐歲稔，賴帝主之洪恩，國泰民安。假神明之厚蔭，既蒙其德，宜祭以時恭謹。漢光文帝，尊神者，昔日明主，今世靈神。三皇五帝之苗裔，播遷於遠久矣。車書不同，漫不可考。蓋厥祖積德之深，得志行乎中國，或王或霸。如秦苻堅、魏拓跋氏，莫不為一代之□。文章禮樂六藝可觀，又未可以春秋之法斷之也。昔日漢光文帝冒頓之後。漢高祖以宗女妻冒頓，子孫遂冒劉氏。建武□烏孫留若鞮自立為南單于。居西河美稷。今離石左國即單于所徙庭也。父豹左賢王。魏武分其眾為五部，皆家晉陽汾澗之濱。豹妻呼延氏夢吞卵而生光文，有文在其手曰淵，因以為名焉。字曰源海。生而異徵，長而好學，經史兵法，靡不涉獵。嘗謂同門曰，吾妙絕於眾，膂力過人。身高八尺四寸，髮長三尺有餘，中有赤髮三根，長三尺六寸。泰始之後，建國成邦，再不可言。後諡漢光文帝。此處建立行宮，立其廟貌。歲月以久，風雨壞朽，鄉人嘆之曰，亦可重修糺轄，無其敢承者。伏聞敬神如在禮，必聲於精誠，求福有□，時不關於祭祀，維劉王之廟宇，實前代之神祇，或求雨澤之依期，或禱福田之稱音，焚香有處，□□無依，今則各舍淨財，同興□意，功夫用度，堪石磨□創建醮盆一座。庶幾永久伏願各家安泰，士庶亨

通，不逢饑饉之危，常獲豐登之兆。靈顯真君。晉大元至元庚申年辛巳月辛卯日壬辰時立。糾首鄉老喬溫男、喬貴、喬惠、劉思德、劉聚。文安鄉石匠提控韓思忠、弟韓思明刊。

銘文之外的兩個立面分上、下兩部，上均為雲龍線刻圖案，下為捐資人名單，一為維那眾名單，為首的是劉氏族人，另一為村人眾。

通讀以後，可知在上四皓發現的這節六面體石刻，不是經幢，銘文是記載鄉民在劉王廟集資修建醮盆之事。從形制看，應是醮盆的支撐石柱。文內的漢光文帝和劉王廟均頂格，以示崇敬。文字內容大體不出正史範圍。劉淵的異相和讀書經歷，均來自《晉書》卷一〇一〈劉元海載記〉。元時劉淵已成一方神明。歷史的發展被人們神話為預言，即「泰始之後，建國成都，再不可言」。

元代兩次使用至元年號，都有庚辰年。上四皓石刻銘文年款處沒有寫明年號是前還是後至元。前一個庚辰年是元世祖至元十七年（一二八〇年），後一個庚辰年是元順帝至元六年（一三四〇年），相隔一甲子，兩庚辰年的干支一樣。

從銘文可知，所謂「行宮」即漢光文帝廟、劉王廟，「行宮」是元人俗稱。陳家塔元碑和上四皓醮盆銘文主體內容大段雷同，兩地不遠，很可能出自同一文本。由此，上四皓醮盆銘文的鐫刻時間以元順帝至元六年（一三四〇年）更為可靠。

　　兩處劉淵行宮的信眾很可能存在連繫。陳家塔漢光文帝廟修繕後僅四年，上四皓人也在劉王廟裡建立醮盆。

　　東川河谷這兩座留存至今的劉淵行宮距南匈奴統治核心區單于庭左國城（今方山縣南村）不過幾十公里。劉淵去世後，其後裔在此建立祭祀場所，這裡很可能曾是劉淵停留過的地方。如從東川河谷前往汾河盆地，「行宮」的軍事價值十分明顯。這條道路也是明清晉商在汾河流域、磧口之間往來的必經之處。所謂「填不滿的吳城」就在上四皓村附近。

　　近年發布的〈唐故王君墓誌銘並序〉提供了上四皓劉淵行宮更早期的真相。

　　君諱元節，字先操，昌化郡離石人也。其初出自有周後稷之苗裔。文王之胤，王龜之後。因官命職，遂居此焉。……曾祖雅，齊任魏郡太守，祖風廬，隋任樓煩郡司馬。父谷……任離石府校尉。君……謚隨輔左羽林飛騎。春秋五十有三……以開元十二年七月五日終於私第。……夫人莫遮氏……以天寶十一載歲次壬辰十一月甲辰朔六日已酉合葬四皓西原，禮也。東瞻黃嶺……西迫郡城……前臨南漢劉王營之留蹤。卻眺高岩，古人遺跡猶在。[36]

　　墓主王元節為離石人。墓誌上說為周代王族之後，自是出於偽託。墓主曾祖、祖父、父親三人歷任官職都是武職為

---

[36]　王仲璋：《汾陽市博物館藏墓誌選編》，三晉出版社，2010年版，第56-57頁。

主。其父擔任離石府校尉，即府兵軍府軍官，王元節「隨輔左羽林飛騎」，即曾任唐中央禁衛軍軍職。飛騎是募兵制下招募的禁軍名號。

墓誌載其夫人為莫遮氏。莫遮即莫折，羌族大姓。王姓，南匈奴、羯、烏丸、羌等族中都有。夫人為莫折氏，墓主王元節也可能出自羌族大姓鉗耳，後改王氏。當然至北朝後期，呂梁地區的各少數族已被統稱為稽胡（山胡）。

更值得關注的是，墓誌銘對夫妻合葬地的地理描述：「天寶十一載……合葬四皓西原，禮也。東瞻黃嶺……西迫郡城……前臨南漢劉王營之留蹤。卻眺高岩，古人遺跡猶在。」

墓誌上說的「四皓」，正是現在的上、下四皓村。「黃嶺」是指黃櫨嶺，自古就是汾陽、離石之間的分水嶺。「郡城」是離石城。「南漢劉王營」應與所謂「劉淵行宮」有關。只是唐人稱劉淵建立的漢國為南漢較罕見。「古人遺跡」讓我想到村口殘存的一段高大夯土牆遺址。此通唐志印證了所謂「劉淵行宮」所在地可能是匈奴漢國建立或曾使用過的一處軍事堡壘。堡中存在匈奴人祭祖場所，即劉淵神廟。時光流轉，堡壘逐漸湮沒，香火不斷的劉淵神廟被後人稱為「行宮」。

墓主王元節很可能即是四皓村人，此村落可能是在南匈奴堡壘舊址上發展起來的。考慮到此地為南匈奴活動區域，

南匈奴中也有王姓，墓誌文中特別提到劉王營這一「古人遺跡猶在」，墓主為南匈奴後裔的可能性也很大。

唐代中期，離石稽胡人早已成為編戶齊民、國家的軍事力量。墓主的經歷正是例證。

此唐誌比元銘文時代早近六百年。距劉淵起兵的西元三〇四年，時隔四百多年。如果說元代人的碑刻記載更多是追溯歷史，那麼唐代墓誌則更為接近歷史，「劉王營」原址在唐代還在，其來歷為當地居民熟知。

唐代劉王營到元代被人們認為是劉淵行宮所在，不遠處的陳家塔行宮也是如此 —— 這些地處山川險要之地的所謂「行宮」，初始職能應是軍事據點。軍事色彩減退，劉淵由人到神，後人記述才與最初的史實漸行漸遠。

倖存至今的東川河谷劉淵行宮遺跡，讓我們看到了那段撲朔迷離歷史的冰山一角，還有更多祕境隱藏在這片山川之間。

陰錯陽差 —— 五路大將軍廟和劉王廟

不經意間的發現，總是讓人驚喜。類似的事，我在探索山西祕境的路上經常遇到。但這次呂梁深山中的尋訪，確實是無巧不成書。發現了未知，完成了不可能，成就一段完美的回憶。

天上掉下來的五路大將軍廟

清晨，從方山縣城圪洞鎮向西，很快進入綿延的山谷丘陵地帶，要去的目的地是臨縣劉王溝村劉王廟。劉王廟是祭祀劉淵的場所。晉中、呂梁各地獨特的龍天廟崇拜系統是胡漢融合產物，與劉王廟也多有連繫。

薛先生開車，他說早年去過此廟，廟會熱鬧，距離也不遠。很快我們發現這條通往臨縣的公路越走越差，轎車底盤多次差點摩擦到地面。到了兩縣交界的漢高山一帶，成了土路。漢高山之名，當地傳說是漢高祖劉邦北征路過此地。但檢索史書可知，當時劉邦北討韓王信和匈奴是從太原北上平城，偏師在離石擊敗韓王信餘部，劉邦本人未至此處。頗疑此漢高祖廟亦為劉淵廟。舊時漢高山上曾有十多座佛道寺廟。[37]

---

[37] 漢高山山巔曾有漢高祖廟，參見拙文〈消失在歷史中的劉淵神廟〉。

在土路上顛簸前行半個多小時，周圍山地荒蕪無村落。通過兩縣之間的天然埡口，進入臨縣東部。就在以為走錯路的時候（實際上確實走錯），土路邊出現了第一個山村。薛先生說當年他就是在這裡參加了熱鬧的廟會。大家很高興下了車，以為這就是劉王溝。

在村邊的河溝裡有一座嶄新的廟。廟內是新建歇山頂三開間正殿。殿內供桌上的牌位頗多。居中的是五路大將軍神位，旁邊是關聖老爺、西天大聖、文昌帝、郝將軍神位。五路大將軍神還是第一次知道。殿內牆壁上掛滿無數敬神錦旗，大多是敬獻給五路大將軍的。

殿前廊下一通二〇一一年重修五路將軍廟碑。雖是新碑，但上面的記載很有趣：「蓋聞五路將軍，修煉三千成神，一百八十餘載，始由劉門供奉，後因劉氏遷出……六九馬氏明成，砌石『爺爺會』云……」後記錄近年眾施主捐資八十餘萬修成新廟，「主奉五路將軍，同殿還祀五神，郝將軍與關帝、文昌財神大聖……」可知此廟供養人最初是劉氏。

在外牆上看到一則勸募告示，說玉坪鄉山劉家溝村五路大將軍廟將重建，「與關帝老爺分開住」，需投資一百多萬，呼籲各界人士集資。從村名可見此地的最初居民為劉氏。[38]

---

[38] 臨縣王利峰女士介紹，當地村名中的山字是指方位。如山劉家溝村名是指山上的劉家溝村，平川地區的劉家溝村則稱川劉家溝村。

重修五路將軍廟碑

　　大山深處，手機訊號顯示無。河溝裡到處是鞭炮燃盡的
包裝垃圾，簡易的戲臺上有文字：藝苑新秀輕歌妙舞頌和諧，
五路將軍聖壽恆春同天地。

　　這是座從未被外界了解的村廟,主神是五路(大)將軍。不久前的農曆十月二十九,是五路將軍的生日。每年此時,就是廟會之日。早年薛先生來參加的就是這個廟會,而不是計畫中的那座劉王廟,也就是說,我們發現了一座未知的神廟。

殿內新塑的五路大將軍像

　　幾年後，此廟擴建完成，成為一座兩進院建築。關公單獨建殿供奉，主殿是五路將軍主尊，左右供奉的是郝將軍、文昌君。

　　左國城是內遷南匈奴的政治核心。周圍高山峽谷間，也是南匈奴部眾駐紮放牧的區域。呂梁山的半農半牧生產方式，千百年並未因王朝更迭而消失。至今，這一帶山民多有養馬、放牧牛羊者，游牧民族風俗習慣尚存。

　　西晉楊駿執政時，為拉攏南匈奴，授劉淵官職為建威將軍、五部大都督。司馬穎給予劉淵的官職是冠軍將軍、監五部軍事，「使將兵在鄴」。《資治通鑑》卷八五將劉淵從鄴城回到離石起兵的時間記在晉惠帝永興元年（三〇四年）農曆八月到十月之間，劉淵從離石遷都至左國城時間為農曆十月至十一月之間。劉淵遷都左國城後，「胡漢歸之者愈眾」。《晉書》卷一〇一〈劉元海載記〉亦載：「遷於左國城，遠人歸附者數萬。」

　　對照史料記載，此廟神主五路將軍生日農曆十月二十九，恰在劉淵起兵後遷都至左國城期間。五路應與五部有連繫，五部大都督本是劉淵的官稱，五部即南匈奴五部。年代久遠，所謂建威將軍、五部大都督和冠軍將軍、監五部軍事的官職有可能後來簡化為五部大將軍號。南匈奴漢國消亡後，後裔在左國城周圍繼續生活，有意諱言或掩蓋漢國痕跡，五部異化為五路，既延續了祖先崇拜也避免了麻煩。

歷史不能假設，但歷史的細節需要合理假說，然後再求證。五路將軍廟由來已久，有可能是某些回到方山的五部餘眾，在曾駐紮的地方建起祭祀場所。祭祀時間可能是劉淵遷都左國城之時。這一天是否即是他的生日，也未可知。

劉王溝裡劉王廟

　　告別五路將軍廟，前往既定目標劉王廟。又在土路上顛簸了一會，經過幾公里看不到人煙的丘陵地帶，才回到柏油路上。下山的路要快一些，終於來到了臨縣湫水河谷。湫水河下游匯入黃河處就在著名的磧口鎮。起初我以為劉王溝村在山谷裡，沒想到在去三交的大路上，就看到劉王溝路標。進村的路，其實是沿著一條湫水河的支流向上。在村子的最東邊，看到了劉王廟的門樓。

　　這是座幾乎被廢棄的村廟。倒座戲臺已基本坍塌。廟裡只存臺基上的一座正殿，硬山頂三開間，前有廊，顯為晚清以來的建築。

　　三間正房分別開門，分供不同主尊。塑像和壁畫都是新作，十分粗糙，大多彩繪已脫落。當心間主尊是劉王爺，壁上有劉王征戰場景圖。東次間主尊龍王，壁畫是布雨圖和疑似封神演義中的場景。西次間主尊是蔡倫，壁畫內容是造紙題材。這座劉王廟將劉王的神力具體為水神，於是將龍王

化身單獨供奉。村裡的桑皮造紙技藝遠近聞名，於是村人把造紙術發明者蔡倫供奉於此。造紙和製香是村裡的特色手工藝，這兩項非物質文化遺產的興盛都離不開劉王廟歷史上的旺盛香火。在村裡順路就看到一戶製香作坊的工人在晾晒待切的香板。

劉王廟

　　民國六年（一九一七年）《臨縣志》卷十六〈古蹟〉劉王廟條載：「劉王廟，縣治南四十五里曰劉王溝，相傳劉淵引兵過此，有德於民，土人立廟祀之。」劉王溝村在臨縣湫水河河谷開闊地帶，與方山左國城隔山而望，直線距離幾十公里。至於是廟從村名，還是村由廟來，待考。很可能此地最初也是南匈奴在湫水河谷地的一處軍事堡壘，神廟是其中的組成部分。

　　劉王廟作用如水神廟。如乾隆《汾陽縣志》卷十二收錄元至元二十四年（一二八七年）〈西河尉陵里劉王廟碑銘並序〉中指出，劉王即劉淵，其後世恩惠神力為施雨，「每值亢旱，有禱輒應，甘澤沛然而降，屢致豐登，生民之所賴焉」。另，太原晉源南關龍天廟主殿劉王殿內牆壁上繪施雨圖景。可見各地劉王廟主尊的主要神力大體一致。由民國六年（一九一七年）《臨縣志》和廟內供奉情況看，劉王溝劉王廟主尊即是劉淵，其主要神力也是類似水神。

　　按照時間，我要在中午趕到呂梁火車站上火車。離開劉王溝時已接近上午十一點。常理來看，這裡往火車站都是山谷路段，且大武路口經常塞車，理論上是不可能按時抵達的。但這天的路況難得順暢，再加上薛先生路熟，在安全的前提下，速度中上。大武路口竟也沒有遇到大貨車排隊的情況，就這樣，一路懷著忐忑的心情，最終我在火車發車前八

分鐘時衝進火車站。

　　與方山朋友笑談：如有大單于護佑一般，在有限的時間內意外發現五路將軍廟，找到劉王廟，完成不可能的旅程，登上火車。如此刺激而完美，成為訪古人生中的又一段珍貴回憶。

尋訪劉家嶂　發現劉王廟

　　文水西部山區和離石交界處，自然環境極佳的蒼兒會，現已成為旅遊休閒景區。這裡建設起高山峽谷中的蒼兒會高爾夫球場。這個球場所在的峽谷，歷史上屬於劉家嶂村。村子早年搬遷，已荒廢。沿峽谷向北，可抵達離石區西華鎮地界的高山草甸，即著名的四十里跑馬墕，是離石和文水交界處。那裡有劉王暈山，在交城、文水方言中，淵、暈、雲同音，劉王暈山就是劉淵山。現在所謂雲頂山，也是來自劉淵山之名。這條深山孔道中的劉家嶂村以及村中的劉王廟，自然也與劉淵脫不了干係。

　　左國城是南匈奴大本營，呂梁山很多高山草甸都是很好的牧場，是當年南匈奴繁衍生息的地方。從四十里跑馬墕沿峽谷，來到劉家嶂峽谷，經過蒼兒會河谷，可進入文水的平川地區。

　　多年來隨著劉家嶂村的廢棄，那裡的一切都變得遙遠。

　　蒼兒會高爾夫球場利用了劉家嶂村峽谷的入口部分。峽谷裡山花爛漫，森林茂盛。來到人工草坪的盡頭，小路崎嶇，經過幾處小型山間空地，都有散養牛群棲息。在「四十畝地」附近，幾百頭牛已經是這裡的主人。山崖上是森林，接近山頂有一處城堡遺址，遠望可見均為片石壘砌而成。正是瞭望山谷的絕佳位置。

深山谷地中的天然牛場

劉家嶂荒村

　　繼續前行不久，車輛難行。徒步沿小河道邊的土坡繼續行進，植被茂盛，不久進入密林。再前行約半小時，在遍尋不見的時候，發現了前方林中出現一座廢棄的單孔石拱橋，這就是村邊的石橋。走過石橋，即看到坍塌後的村子東門樓，僅存圓形捲門。眼前一條小徑，就是過去村中的正街。

　　在路的左側，是一片房屋的廢墟，地面上殘存基址，赫然矗立多通石碑，其中靠北側的一通，地上部分高約一點五公尺，額題「劉王碑記」，幸運的是，銘文仍可識讀，其文載：「今汾州府城北山劉家掌村舊有劉王天子廟堂，由來久矣。當日劉王偶居於此，振綱常，勵人心。小民之被德者至深，及其沒也，上帝因其正直，而敕令為神。後人因建立廟堂，虔誠奉祭。至尊至靈，報應不爽。但歷年久遠，廟貌殘缺……」後文記錄村民和眾善士共同捐資修廟事。由「臨邑庠生劉國棟撰，本村弟子武正印書」。還列舉了修廟糾首和捐資名單及銀兩。武正印施銀十六兩五錢，為最多。立碑時間為清乾隆八年（一七四三年）臘月吉日。從名單中可見，當時村裡姓氏有劉、孟、郝、武等。

　　碑文中雖未明言劉王為何人，但劉王天子即皇帝，而且還曾偶居於此，符合這個情況的只有建立匈奴漢國的劉淵。劉淵建國後，漢國軍隊從呂梁山向東、向南進入汾河流域。劉淵本人途徑此地是很可能的。立此碑已是清代中期，當時

難以找到更早的劉王廟碑刻，普通村民或無法探究劉王為何
人，又是如何從人到神的。所以碑文中解釋說上帝「敕令為
神」，即來自上天的指令。於是後人建廟供奉。

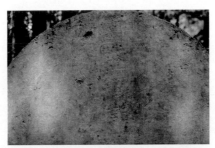

額題「劉王碑記」

碑陽局部

劉王廟碑碑陽

　　村名劉家嶂，又作劉家掌，或劉家長，均指這處在層巒疊嶂山崖前幽谷中的村落。因劉氏在此居住而得名。此村始祖可能即劉淵後裔或與南匈奴後裔關聯之人。後人追憶，說：「（劉王）振綱常，勵人心。小民之被德者至深」，即得其恩惠，劉王去世後，建廟祭祀。

　　由碑文可知此廟自劉王去世後即已存在。

　　民間祭祀場所能長期存在，一般都是具有某種實用功能，如求子、求雨、生育、醫藥、功名等。但此碑文中沒有談到祭祀活動具體祈求和應驗情況，僅提到至靈、不爽，較為罕見。

　　民族融合是中華民族不斷發展壯大的基礎。此碑雖為清中期所立，但證明了這裡是呂梁山深谷中的一處劉王廟遺址，結合地名和歷史記載，可判斷此廟神主即為劉淵。本村最初或為劉淵活動範圍內的一處軍事堡壘。祭祀祖先的神廟本是堡壘中的組成部分。後堡壘蛻化為村落，神廟則凸顯其民間信仰力量，長久不墜。

　　此碑的發現為獨特的劉王廟崇拜體系增添了一處重要實物，有利於認識南匈奴後裔的分布和漢化過程，為呂梁地區民族融合史的豐富性增添了又一有力證據。

　　在劉王廟碑旁房屋基址上，還有三通石碑，其中兩通立碑，　通倒地。立碑中一通被大樹包圍，部分碑文已無法讀

取。大體可知為萬曆二十六年（一五九八年）所立觀音堂碑，記錄有來自祁縣的大際和尚來到村內古堂，得到劉氏族人捨地供養建立佛寺的事。撰寫碑文的是少林寺第二十五代住持幻休嫡孫定實。碑陰額題「皇帝萬歲」。下文列舉修廟糾首和施地者，其中劉、郝為大姓。施地有葫蘆河、石塔地兩個地段，兩地應該就在附近。具體地塊四至裡提到官道、渠、堰、天河等地理標誌物。可見村子附近有官道，有水流和人工的水利設施渠、堰等，這都是進行農業生產所必須的。

額題「皇帝萬歲」

　　劉氏、郝氏為南匈奴後裔——稽胡族群中的指標姓氏，明時早已完全漢化為山居農民。

　　另一通立碑為嘉慶歲次乙亥（即嘉慶二十年、西元一八一五年）仲秋八月所立佛殿觀音帝廟補修碑，提到當時「本村之禪林由來久矣……今改建補修。右而三佛殿十王殿，左而（關）帝廟，東而觀音堂，西而彌陀殿，上有劉王廟，村西新修山神廟以及鐘樓樂樓」。可見當時的小山村內外有眾多宗教祭祀場所。倒地一通為嘉慶三年（一七九八年）八月刻立的重修碑，但未說明修繕之所。

　　劉家嶂村位置隱蔽，一面是山崖絕壁，一面是峽谷中的小河。村在山水之間的森林裡，頗有些進可攻退可守的意味。前面山崖上的廢棄城堡和古村應有關聯。

　　文水文友為劉家嶂村舊址現存四碑做拓片，是多年來的首次。劉家嶂村歷史得以某種程度上再現，被人們記得，我們在這裡打撈起一段荒村歷史。中午，大家在林間席地而坐，吃著餅喝瓶裝水。探索、發現，這一天的奔波是快樂的。

　　回到山口，高爾夫球場綠草如茵，人們在這休閒放鬆。誰知千年來，這裡經歷了從牛羊遍地的游牧世界到森林沃土的演變呢！

消失在歷史中的劉淵神廟

　　東漢中期南匈奴內遷呂梁。東漢末年至魏晉時，南匈奴五部分駐汾河兩岸。匈奴風俗必隨五部播散各地。匈奴祭天祭祖活動是其重要內容。南匈奴漢國滅亡後，南匈奴後裔和其他進入山西的各種雜胡逐漸融合，北魏時開始被外界統稱為稽胡（山胡）。其風俗習慣中祭天祭祖是必不可少的內容，祭祀匈奴漢國建立者劉淵是應有之義。

　　在稽胡漢化過程中，這類祭祀場所隨著時間流逝而逐漸消失。千百年後，在山川之間，我們竟還能尋找到劉淵神主崇拜的一些歷史線索。

　　近年來，我在考察中發現，今離石陳家塔村劉淵行宮、上四皓村劉淵行宮、臨縣劉王溝劉王廟、文水蒼兒會劉家嶂劉王廟等均為歷史上的劉淵祭祀神廟遺存，最初可能來自南匈奴軍事堡壘。未來可能還會有新的發現。

　　除這些倖存的遺存可尋之外，在文獻中我發現還有一些今已不存、於史有證的劉王廟記載，神主均為劉淵。

汾陽花枝村劉王廟

乾隆《汾陽縣志》卷十二收錄元至元二十四年（一二八七年）〈西河尉陵里劉王廟碑銘並序〉載：「舊有劉王廟，乃亡金皇統三年癸亥之所創建也。」可知至遲在金皇統三年（一一四三年）已有劉王廟。

每值亢旱，有禱輒應，甘澤沛然而降，屢致豐登，生民之所賴焉。爰揆神之所由，是乃龍之謂也，預示本形於母，以顯其靈，蓋自古帝王，莫不感於奇異，報以嘉祥。乾道變化，誕為人主，各致殊勳，或禪讓以拱垂，或征伐而相繼，一興一廢，世代相因。

可見劉王廟是當地民眾祈雨靈驗之地，並將龍王神力的來源歸於古代帝王。碑文中以長文大量引用《晉書》卷一〇一〈劉元海載記〉內容，敘述南匈奴歷史和劉淵建立漢國的事蹟。認為劉淵「生則為世主，沒則為冥神，又能與黎民降之福，享此一方之血食，宜哉」。

碑文由汾州學正王元吉撰寫。碑文落款署名者有汾州和西河縣達魯花赤、縣尹、縣主簿、縣尉，即當時的州、縣地方軍政主要領導班子。可見劉王崇拜在當地流傳已久，得到官方認可。王堉昌在《汾陽縣金石類編》錄文後記述，此元碑毀於民國初年。[39]

---

[39]　王堉昌：《汾陽縣金石類編》卷 5 上，三晉出版社，2018 年版，影印本，第 637 頁。

汾陽杏花村鎮下堡村劉王廟

「劉王廟，位於村東，祀十六國漢主劉淵。此廟重建於元大德年間，由本村任氏先祖、統軍都督元帥任英所資。原創建年代無考，現無遺址。」[40] 據汾陽張益平先生訪問村裡老人得知，舊時村民俗稱神主為紅袍將軍。如下堡村劉王廟曾在元大德年間重建，則其始見應早於元。或與花枝村劉王廟類似，在金代已有。

遠眺漢高山

---

[40] 劉瑞祥：《汾州滄桑》卷 2，北嶽文藝出版社，1988 年版，第 883 頁。

中陽暖泉村漢高祖廟與臨縣漢高山漢高祖廟

「漢高祖廟，在寧鄉廢縣西南一百二十里暖泉村，劉淵之廟也。」[41] 寧鄉即今中陽縣。暖泉村在今中陽、石樓、交口三縣交界山區，屬中陽。經詢問當地人士，知暖泉村現已無存此廟。

劉淵去世後，廟號高祖，諡號光文皇帝。[42] 方志記暖泉村此廟名漢高祖廟，明言為劉淵廟。可知漢高祖廟即劉淵廟，是一回事。此處稱漢高祖廟即用劉淵去世後的匈奴漢國廟號。

又臨縣、方山交界處漢高山山頂上亦有漢高祖廟。民國六年（一九一七年）《臨縣志》卷十六〈古蹟〉有漢高祖廟條，載：「漢高祖廟，縣志東五十里漢高山巔。高祖破左右賢王追至離石，駐蹕於此山，後人立廟。」又有「漢宮娥祠。縣志東五十里漢高山。高祖征陳豨駐此。三宮人死，瘞其麓，土人建祠祀之」。劉邦北征未經呂梁，時有漢軍偏師破韓王信軍於離石。當地傳說為漢高祖劉邦北伐時經此而得名。此山巔之廟來歷或為後人附會。

漢高山巔的漢高祖廟，與暖泉村漢高祖廟類似，很可能

---

[41] 《永樂大典》卷 5203 引《太原志》，中華書局，1986 年版，影印本，第 6 頁。
　　《永樂大典方志輯佚 · 太原志》，中華書局，2004 年版，第 227 頁。
[42] 《晉書》卷 101〈劉元海載記〉，中華書局，1974 年版，第 2652 頁。

本為劉淵為主尊的神廟。其山名亦因漢高祖廟而來。所謂漢宮娥祠或為匈奴貴族女性祭祀地，與臨縣曜頭村西皇姑墓、嵐縣之皇姑墓類似。

晚近民間附會此漢高山漢高祖廟主尊為西漢開國皇帝劉邦。以匈奴漢國為西漢，以劉淵為劉邦，這種以訛傳訛也是一種民俗傳播上的通例。越到晚近時，歷史愈久遠，訛傳愈甚。

此民俗嬗變過程，在這兩座漢高祖廟傳承中頗為典型：明時地方民眾尚知暖泉村漢高祖廟即劉淵廟，來歷可考，延至明末清初，民間對魏晉南北朝史事傳襲更少，漢高山漢高祖廟的由來無從查證，於是認為是民間更為聞名的西漢劉邦。

現漢高山巔以現代仿古工復建五座建築，從北向南依次是真武殿、高祖殿、龍王殿、千佛殿、菩薩殿，緊鄰菩薩殿一正方形五層磚塔，稱姑姑塔。建築均在原址復建，但規模都超過舊時，以五開間高祖殿為核心。舊時漢高山巔古碑甚多，近年來多已不存，或被推倒於山坡土層之下。現只高祖殿前有清嘉慶六年（一八〇一年）殘碑，龍王殿前有民國二十二年（一九三三年）重修龍王廟碑。嘉慶殘碑漫漶，可辨識：「漢高山諸廟由來久矣，前者未明」、「大國至大元年建五姑神塔一座」、「又有高祖、光武二殿」等語。碑文中的高祖、光武，顯為供奉西漢劉邦、東漢劉秀。可見當時即有各類附會說法。

漢高山漢高祖廟與離石東北南雲頂山劉淵山巔的劉淵祠廟一樣[43]，同為祭祀南匈奴首領、漢國皇帝劉淵之地。建祠借用山巔之雄偉氣勢，與天為鄰，展現胡人祭天原始崇拜內涵。

離石東漢王廟

「漢王廟在離石廢縣東八十里。劉元海之廟也。金末廟廢。」[44]《永樂大典》引《元一統志》記載，說明在離石縣東八十里的所謂漢王廟，即劉元海廟、劉淵廟。漢王之名，顯然與劉淵建國稱漢有關。漢王即劉淵。這裡也是一座劉淵神廟，在金代末年廢棄。

現在已知，在今離石東部的陳家塔和上四皓村都有劉王廟遺址，此兩處距離離石市區距離均不足四十公里。這座金末廢棄的漢王廟或在吳城以東，另有其地。亦可見東川河谷地區劉王崇拜場所十分密集。在相當一段時間內，這裡應是南匈奴族群聚居區。

以上，我們在方志、碑刻中發現了一批已經消失的劉王廟、漢高祖廟、漢王廟，其名稱或為廟號，或為國號，或用姓氏，均為祭祀南匈奴首領、匈奴漢國皇帝劉淵的祭祀地，

---

[43] 參見拙文〈劉淵山英雄的山〉。
[44] 《永樂大典》卷 5204 引《元一統志》，中華書局，1986 年版，影印本，第 15 頁。《元一統志》卷 1，趙萬里校輯，中華書局，1966 年版，第 134 頁。

可統稱為劉淵神廟，涉及汾陽、臨縣、離石、中陽多地。這
些祭祀地均為東漢後期至隋唐時期南匈奴及其後裔稽胡族群
活動地區。匈奴漢國完結，南匈奴後裔為主形成的稽胡（山
胡）定居於此，劉淵即是民族首領，又是漢國皇帝，在民族
信仰中具有重要地位。劉淵為神主的祖先崇拜場所長期延續
下來。只是明清以來，後世對南匈奴歷史了解漸少，民俗傳
承中多有錯訛。隨著地方文史工作的開展，可能還會有不同
面目的劉淵神廟被再次發現。

龍天即劉王 —— 被誤讀的晉源南關龍天廟

晉源南關龍天廟，又名劉王祠，在晉源老城南門外，廟旁舊有空王佛寺、觀音堂等建築。現在老城南門和廟門之間復建起三重簷的華麗樓閣 —— 寶華閣。南關龍天廟始建時間無考，正殿梁架上有「大清光緒十九年仲春重建，經理監生崔泰昌，督修舉人李禧」墨書題字。

龍天廟正殿劉王殿

　　龍天廟坐南朝北，廟門朝北，有龍天廟匾。臺基上的龍天廟南殿為正殿，即劉王殿，面寬三間懸山頂，前設廊。有左右垛殿、東西廂房。殿中塑像新作，主尊龍天神為帝王像，周圍臣子像。這是近年當地民眾以漢文帝劉恆及其重臣形象所作。西壁存清代壁畫，北側為龍天神出巡圖景，南側繪雷公、電母施法，按從右到左排序，雷公、電母為龍天神屬下神眾。南壁上繪龍，東壁上為模仿西壁的新作。

　　主尊劉王何許人也，民間理解各異。清道光《太原縣志‧帝王》載：「漢文帝諱恆……初立為代王，都晉陽……晉人立廟祀之。」此漢文帝說，孤證、晚近，是清後期採錄自民間說法。以清人方志溯到西漢初年，沒有其他史料證據，難以為憑。還有以為主尊為劉知遠，更屬臆斷。均為對劉王崇拜的疑惑，導致的誤解。

殿內新塑像

　　舊時太原縣城的龍天廟會有三次，在二月二祭龍、七月初五迎龍、九月十五謝龍，融入漢地農業文化內涵。龍天廟會活動現在是山西省級非文化遺產項目。[45]

　　農曆七月間抬諸神像出遊盛會，迎神活動的中心在龍天廟，據說是起自明朝洪武年，止於抗日戰爭時期，歷時五百餘年。

　　迎神活動於七月初三下午演習，名為「壓鐵棍」。七月初四午時，大眾齊至龍天廟前，經南城角、小站、小站營、赤橋，至晉祠堡，入北門出南門，然後返回晉祠廟聖母殿，抬聖母出行像出北門，經赤橋、南城角，至縣城西關。近黃昏，神輿、鐵棍皆通明張燈，從西門至十字街中央，然後出南門，迎送聖母於龍天廟中，安神禮畢散。次日初五午時，從龍天廟出發進城，穿街過巷至縣署領賞，然後往返西門外、北門外。日落時出東門至河神廟，迎請龍王廟十八尊龍王回龍天廟。這是太原縣有名的「七月初五抬鐵棍」。

　　七月初七為龍天廟歲祭日。焚香、燃炮、演劇。七月十一為縣北古城營村九龍廟廟會正日，前一天全村百姓齊至縣城龍天廟，恭迎晉祠聖母偕十八尊龍王回九龍廟。民間傳說晉祠聖母與九龍廟中奶奶是姐妹。七月十四，眾百姓恭送聖母歸晉祠，送十八尊龍王至風峪溝龍王廟。

---

[45]　姚富生：《晉源民間文化》（第五輯），晉陽文化民間研究會，2016 年版，第 187-190 頁。

內容豐富的龍天大廟會，以龍天神為主，地方民眾的巡遊為線索，串聯起晉源地方的所有眾神，高高在上的聖母也赫然在列。說明了明清以來，民間信仰和世俗生活的高度交融，廟會活動成為祭祀、商貿、娛樂為一體的大型民間活動，是漢族地區的重要民俗形式。

民間祭龍天的最直接祈求是求雨，但龍天不同於龍王。龍王只負責水神事務。為什麼從名稱看就與眾不同的龍天神被晉源人民賦予了如此神威，成為眾神之主？

現實是歷史的反映，民俗活動中的歷史資訊被不斷解讀，雖最初的原意經常發生意想不到的改變，但現實中還是帶有歷史的影子。

龍天廟是山西晉中、呂梁等地獨有的地方神靈崇拜場所。龍天神崇拜是十六國北朝以來，三晉大地胡漢民族大融合的產物。千百年來歷史變遷，龍天、可汗、劉王神等互為表裡，可汗廟和劉王廟應是龍天廟崇拜的分支或子系統。[46]

晉源南關龍天廟原稱劉王祠，是龍天、劉王信仰本為一體的典型例證。時代久遠，對龍天本尊難覓其源的後人誤讀了資訊，才出現清代縣志裡橫空出世的漢文帝劉恆說。

呂梁地區曾有兩座漢高祖廟。《永樂大典》中載中陽縣暖泉村漢高祖廟即劉淵廟。民國時期，臨縣漢高山山巔的漢

---

[46] 參見拙文〈尋找民族融合的真相——龍天神廟考述〉。

高祖廟被認為是祭祀劉邦之廟,可見明清以來滄桑變遷,導致歷史資訊的喪失和訛傳。[47]

　　劉王廟的主尊劉淵逐漸不為人知,但後人知主尊為劉氏,於是附會於知名度高的漢朝皇帝,便有了漢高祖、漢文帝之說。

　　劉王殿壁畫為晚近補就,尚存部分為清繪龍王出行圖,主要神威即為水神龍王職責。與已知山西各地的劉王廟一樣,晉源南關龍天廟即劉王廟,主要實際功能仍為水神降水。其地在晉陽古城舊址近前,正是山西中古時期的政治、文化中心。龍天廟是胡漢融合千年大戲的舞臺,龍祠祭祀、主尊劉王(劉淵)、明清以來的龍天廟會,是這一演變過程中不同歷史階段的展現。

　　在此,龍天即劉王。龍天信仰與劉王信仰合體,龍天崇拜的真相得以還原。

---

[47] 參見拙文〈消失在歷史中的劉淵神廟〉。

殿內施雨壁畫

龍天即可汗 ── 尋訪鞏村龍天廟舊址

　　鞏村是汾陽三泉鎮的大村。前些年，文物工作者在村西、村南進行考古發掘，發現大量自新石器到漢代人類生活遺址和城牆遺跡。現在研究一般認為，這一遺址應是漢代茲氏縣城。

　　今天的鞏村格局十分規整，絕不同於一般小村的窄小街巷，入村可見筆直的東、西、南、北四條大街。過去城有四門，現在還可見北門、東門，城門附近均有部分牆體保留。北門名天寧門，門洞上舊有樓閣，門洞內還有一橫向磚洞。東門名永慶門，上有樓閣尚存。北門西側還有一方形堡中堡，是明末地方士紳興建的青龍宅，堡牆包磚大體完整，局部高達十公尺左右，與城牆高度近似，氣勢不凡。青龍宅只有東南一門。內部為兩層圍合磚窯，下有二十四口窯，上有二十口窯。居中有水井，可供日用。外牆上嵌有崇禎十年（一六三七年）興建石碣。

　　鞏村舊時古寺廟有十多處，現存最明顯的是村西南的龍天廟遺址。這是個正方形大院。南邊是倒座捲棚戲臺，面闊三間，保存基本完好。北面的正殿前些年坍塌，前有月臺，估計曾有獻殿。

鞏村龍天廟倒座戲臺

進入正殿廢墟，看到北牆底部為薄磚矮牆，上為土坯磚牆，和三泉鎮現存多座元代建築的牆體基本類似。

王堉昌《汾陽縣金石類編》卷六載鞏村龍天廟大殿有元代可汗廟匾，上有題字：「大元元統二年七月初七日孝義縣趙昌書可汗之廟，劉崇善，弟崇美，男順祖。豎匾高約三尺，寬二尺，四大字徑約七寸。在鞏村龍天廟大殿。」[48] 由此，鞏村龍天廟正殿至少元代已有。

接著，王堉昌在按語裡說：「可汗猶單于。匈奴曰單于，

---

[48]　王堉昌：《汾陽縣金石類編》卷 6，三晉出版社，2018 年版，第 840 頁。

突厥曰可汗，皆謂其國主也……廟神似為賀虜將軍，而區書
可汗未解。或祀五胡時之劉王（即晉時劉淵，汾人亦祭祀以
祈禱雨，花枝村有廟）乎？……」

　　這段按語很有見地。雖然王先生對北方民族融合未有當
下的認識，但自單于到可汗崇拜的變化，確是隨著匈奴、鮮
卑、突厥等民族融合趨勢演變的社會現象。

翚村龍天廟遺址

　　王先生推測可汗神主可能是劉淵。只是未能理解可汗崇拜的泛化。至於神似賀虜將軍，屬於明清以來民間世俗化神明塑像的同質化，不足為疑。賀虜即賀魯，為汾河中游另一地方神明，他文再述。花枝村劉王廟雖不存，有元代碑文收於方志。此可汗神主雖不能簡單等同於劉淵，但龍天、可汗崇拜與南匈奴祖先崇拜之間應有繼承關係。[49]

　　今汾陽地區為漢茲氏縣舊地，魏晉時長期是南匈奴五部中勢力最強的左部駐地。劉豹、劉淵父子曾擔任左部帥職位多年。劉淵積蓄力量，後建立匈奴漢國，開啟了十六國的序幕。

　　龍天廟是呂梁、汾河流域的獨特地方崇拜場所。作為左部駐地，汾陽與南匈奴關係密切。十六國北朝時期，汾陽地區是各民族雜居、融合之地。

　　隋末，有南匈奴後裔稽胡劉姓首領使用可汗名號，至唐代，可汗號已為胡漢社會普遍接受。唐太宗即欣然接受了北方民族推舉的「天可汗」尊號。

　　鞏村龍天廟在元代稱可汗廟，掛可汗廟匾，此龍天廟主尊即可汗。「可汗之廟」匾為劉氏族人所立，具有強烈的象徵意義。

---

[49]　太原晉源區南關龍天廟主殿為劉王殿，是龍天主尊為劉王的明證。正合王堉昌先生當年的推測。參見拙文〈龍天即劉王：被誤讀的晉源南關龍天廟〉。

　　民間習俗的傳承具有巨大生命力。翚村居民八十一歲的退休教師張守範說，他少年時，龍天廟正殿裡有可汗神像。[50]可見，翚村龍天廟可汗崇拜至少自元一直延續到現代。

　　鑑於胡人後裔諱言其民族來歷，大多龍天廟未保存下早期記載。清代才有地方文人以賈渾事附會龍天神主，並無確實證據。翚村龍天廟元代可汗廟匾額確證其本尊為可汗，源自匈奴以來的北方胡人祭天祭祖活動。劉淵建國重大歷史事件，被後裔祭奠傳揚，為自然之事。南匈奴─稽胡族群在北朝後期接受鮮卑文化，祭祖名號亦自單于轉為可汗。此地龍天廟主殿本為可汗主尊，可見龍天神原型為可汗。

　　龍天廟是自北朝隋唐以來，融合胡漢崇拜於一身的龐雜地方崇拜系統，可汗廟、劉王廟為其分支或子系統。某種意義上，龍天之名更便於安全隱晦地傳承胡人後裔的祖先崇拜。可汗、劉王這些比較敏感詞彙則逐漸退役、淡化、消失。翚村龍天廟位於歷史上的南匈奴左部駐地，其建築遺址、可汗廟匾、可汗神像等歷史資訊正是龍天信仰演進的實物證據。

---

[50]　據 2018 年 11 月 12 日薛利鵬先生採訪紀錄。

祭祀

流傳

　　南匈奴文化以地名、民俗等形式，長期流傳下來，成為地方文化的獨特風景，其中有天池、岢嵐山的遼闊雄偉，亦有曜頭村皇姑墓的民間傳說，撲朔迷離的匈奴堡過往，耐人尋味的民俗活動，這些都是民族融合史的珍貴文化遺存，成為今天回望歷史、撫今追昔的難得視角。

寧武天池懷古

這裡是寧武天池，華北唯一的高山內流湖群。

山之巔有天池，天然草場是天堂。無數英雄豪傑譜寫民族融合的故事，大開大合，方顯北方風範。

尋覓於汾陽宮遺跡，俯瞰天池美景。冬季潑水節的故事還在迴響，期盼水草豐美的完美世界，這裡是高山上的人間天堂。

寧武天池湖群之公海

高山天池任馳騁

寧武地形，典型的兩山夾一川，汾河自蘆芽山源頭南流，桑乾河支流恢河北流，兩河之間有一條東西向的小丘分隔，地名分水嶺，這兩條河谷實際上連為一體，構成了一條長達百公里的南北峽谷地帶。這條峽谷的歷史價值，僅次於通過雁門關的那條晉北大道。

峽谷的東側高山上，距離河谷的落差都在兩百至三百公尺，山巔海拔為兩千公尺上下。由於特殊的地理構造，這片面積不大的山上出現了山西境內唯一的高山湖泊群 —— 寧武天池湖群。地理學將這類沒有出水口的湖稱為內流湖，這個區域是內流區。往往這類湖區在草原和高原地帶多見，如內蒙古草原、青藏高原。在山西境內的黃土高原上僅此一處，在華北的高山地區也是唯一的。保護這一自然景觀對人文地理和區域環境均有重大意義。

因為有了天造地設的高山湖泊，湖邊草原成為牧人馬場。從戰國時期的樓煩以後，這裡一直是游牧民族的天堂。秦漢時期為郡縣，魏晉南北朝時，仍然是進入內地的游牧人的世界。唐代天池一帶有政府的牧馬監，是官方馬場。

天池湖群，包括天池、元池、琵琶海、鴨子海、乾海、老師傅海等多個高山湖，其中天池最大，也稱馬營海。天池面積一平方公里，水深十公尺。僅次於天池的是元池，面積

零點七平方公里，水深十五公尺。前幾年湖泊水面逐漸縮小，一些小湖已經乾涸。

不過最近幾年，山西境內普遍雨水增加。在天池範圍內行駛，不時在低窪地帶遇到小的水池。再加上人工水利專案暖泉溝蓄水面積增加，天池地區的水資源逐漸恢復。這對高山天池湖泊群保護來說，是非常難得的機遇。

天池北側，有原址上復建的海瀛寺。遍尋內外，已無可辨之早期遺跡。但這個高坡上的寺院位置，是俯瞰天池的絕佳之地。古人在這裡進行營造、祈福、宴飲是自然的事。

寧武天池湖群之馬營海，北側即海瀛寺

祁連池邊馬蹄聲

天池，古稱祁連池，來自匈奴語。

翻檢史書，《水經注》卷十三〈水注〉裡有關寧武天池的記載最早且較為完善：

耆老云：其水潛通，承太原汾陽縣北燕京山之大池，池在山原之上，世謂之天池，方里餘，澄渟鏡淨，潭而不流，若安定朝那之湫淵也。清水流潭，皎焉沖照，池中嘗無斤草。及其風攢有淪，輒有小鳥翠色，投淵銜出，若會稽之耘鳥也。其水陽燠不耗，陰霖不濫，無能測其淵深也。古老相傳，言嘗有人乘車於池側，忽過大風，飄之於水，有人獲其輪於桑乾泉，故知二水潛流通注矣。池東隔阜，又有一石池，方可五六十步，清深鏡潔，不異大池。

所謂天池是高山湖群中最大的一個，即今馬營海。因為高山湖泊的顯赫和幽遠，古人早有天池水潛流的傳說。《水經注》裡把這個故事演繹得頗為生動。後來這個故事裡還增加了孝文帝的內容，顯得愈發神奇了。

魏晉以來南匈奴等民族內遷晉北，隨後在天池附近留下記載的有南匈奴貴族、著名的北魏孝文帝、北魏晚期的爾朱家族、建立東魏和北齊政權的高歡家族。使天池的歷史達到輝煌的是隋煬帝楊廣。

南匈奴貴族

《晉書》卷一〇三《劉元海載記》記載,魏晉時南匈奴貴族子弟劉曜在管涔山中隱居,「嘗夜閒居,有二童子入跪曰:『管涔王使小臣奉謁趙皇帝,獻劍一口。』置前再拜而去。以燭視之,劍長二尺,光澤非常,赤玉為室,背上有銘曰『神劍禦,除眾毒』,曜遂服之。劍隨四時而變為五色」。

劉曜是劉淵族子,追隨劉淵居功至偉。後劉曜建前趙國。此事雖是神話,但劉曜早年曾在管涔山隱居,南匈奴人在此游獵放牧,才是神劍背後的實情。

北魏孝文帝

《元和郡縣圖志》卷十四〈河東道三〉嵐州靜樂縣條載:「天池,在縣北燕京山上。周回八里,陽旱不耗。陰霖不溢。故老言,嘗有人乘車,風飄墮池。有人獲車輪於桑乾泉。後魏孝文帝以金珠穿魚七頭放此池,後亦於桑乾泉得之。隋煬帝嘗於池南置宮,每夜風雨吹破,宮竟不得成。今池側有祠,謂之天池祠。」

《水經注》裡那個天池水潛流的傳說,在《元和郡縣圖志》中被附會到了孝文帝身上。這條記載顯示孝文帝曾到訪天池。天池邊有祠。今天海瀛寺位置在天池觀景最佳之地。其前世或即天池祠。限於史料,天池祠內的祭祀神主還待考。

爾朱家族

北魏後期爾朱家族興起於管涔山地區。發跡之前，爾朱榮陪父親爾朱新興曾在天池中泛舟。《魏書》卷七四〈爾朱榮傳〉載：「秀容界有池三所，在高山之上，清深不測，相傳曰祁連池。魏言天池也。父新興，曾於榮遊池上。忽聞簫鼓之音。新興謂榮曰：『古老相傳，凡聞此聲，皆至公輔。吾今年已衰暮，當為汝耳。汝其勉之。』」

可見爾朱家族勢力範圍包括天池，馬背上的爾朱氏父子在池上泛舟，「相傳曰祁連池。魏言天池也」。祁連為匈奴語，天之意。天池來自匈奴語祁連池，亦說明其名來自南匈奴。到北朝後期，天池已是晉西北一處風景名勝。

高歡家族 —— 北齊皇室

《北齊書》卷四二〈陽休之傳〉載：「（天平）四年，高祖幸汾陽之天池，於池邊得一石。上有隱起，其文曰『六王三川』。高祖獨帳中問之，此文字何義。對曰：『六者是大王之字，王者當王有天下。此乃大王符瑞受命之徵。既於天池得此石，可謂天意命王也，吉不可言。』」

這是有關高歡的傳說，無非是要顯示高歡自有天命的高貴身分。可注意其中提及「既於天池得此石，可謂天意命王也，吉不可言」，此事和天意連接起來，估計多與在天池舉行祭天活動有關。

高歡在天池邊得祥瑞。北齊皇帝後來多次親臨，頗見於正史。

如高歡之子高洋建立北齊，多次北討突厥，於天保六年（五五五年）、九年（五五八年）兩次來到天池。《北齊書》卷四〈文宣帝紀〉載：「（天保六年六月）親討茹茹，甲戌，諸軍大會於祁連池。」「（天保九年六月）自晉陽北巡，己巳，至祁連池。」

如後主武平七年（五七六年）在天池舉行大型冬季狩獵活動。《北史》卷八〈齊本紀下〉載：「冬十月丙辰，帝大狩於祁連池。」當時北周軍已逼近平陽，後主還和寵妃馮淑妃打獵，興致高揚。權臣高阿那肱按住重大敵情不及時報告。後主看到延遲上達的戰報後要南下救援，淑妃卻要「更殺一圍」，於是盡興才發兵。這就是李商隱的名作「晉陽已陷休回顧，更請君王獵一圍」的出處。

由〈爾朱榮傳〉可知，天池名祁連池。《北齊書》本紀中也作祁連池，或為當時較正式寫法。祁連為匈奴語，即漢語天之意，目前還在使用的祁連名，如著名的祁連山。祁連池的名字來自匈奴語。祁連池的來歷，應與內遷南匈奴定居呂梁山有關。劉曜得管涔寶劍的傳說，即是南匈奴在管涔山的生活痕跡。

天池地區的汾陽宮遺址

汾陽宮遺址殘牆體

　　祁連池，漢語稱天池，一直沿用至今。《元和郡縣圖志》記載的天池祠應具有重要地位，對北方少數民族或許具有某種神祕的特殊意義。

地面可見建築殘瓦件

千載汾陽宮之謎

　　由於寧武天池獨特的地理環境，湖畔草場豐美，與北方草原風光別無二致。對這個場景，來自草原的內遷民族是熟悉和嚮往的。因此，在天池附近出現祭天、祈禱等活動逐漸成為一種風俗。由此出現了一些神祕事件，如簫鼓之音的寓意，圖讖之術的出現。在天池旁邊出現天池祠這一祭祀場所

也是順理成章。頗疑此祠早在南匈奴游牧時既有雛形。圍繞天池祭祀也會有相對固定的儀軌，供顯貴們使用。爾朱榮、孝文帝、高歡父子均曾親歷。

隋煬帝建立汾陽宮是天池附近最後一次大規模建設。過去一般認為汾陽宮建設在大業四年（六〇八年）八月。

《隋書》卷三〈煬帝紀上〉載：「（大業四年）夏四月丙午以離石之汾源、臨泉，雁門之秀容為樓煩郡。起汾陽宮。」《資治通鑑》卷一八一載：「夏四月，詔於汾州之北汾水之源，營汾陽宮。」現有史料顯示大業二年（六〇六年）、三年（六〇七年）已有汾陽宮。汾陽宮可能建於大業二年（六〇六年）。[51] 汾陽宮是一個行宮體系，在不同處所先後建設行宮的可能性是正常的，有觀點認為隋煬帝的汾陽宮行宮體系龐大，在汾河源頭、馬營海、寧化城等處都有興建。汾河源頭有雷鳴寺，為近年復建。更多確切資訊還需考古工作證明。

四年說或許是汾陽宮工程總結性的紀錄，紀錄年代或比實際運作有所延遲。

有觀點認為，隋煬帝汾陽宮是在北齊行宮的基礎上所建。考慮到北齊帝王多次親臨的記載，這個推理也有可能。

---

[51] 羅新、葉煒：《新出魏晉南北朝墓誌疏證》，中華書局，2005 年版，第 547-549 頁。

　　陝西西安於一九五七年出土〈李靜訓墓誌〉。墓誌文內明確記錄此九歲去世的李氏幼女之外祖母為隋文帝之女，即周宣帝皇后楊麗華。李靜訓去世於大業四年（六〇八年）六月初一，終於汾源之宮。此汾源之宮，可能即汾陽宮。墓誌中云汾源，則行宮在汾源之地。似不能確指為天池南側之汾陽宮遺址。[52]

　　隋煬帝多次到訪天池，隨從隊伍頗為壯觀。隋代著名文人薛道衡有詩〈從駕天池應詔〉：「上聖家寰宇（宇原誤為字），威略振邊陲。八維窮眺覽，千里曳旌旗。駕黿臨碧海，控驥踐瑤池。曲浦騰煙霧，深浪駭鯨螭。」[53]

　　高山上，天池之側的汾陽宮遺址十分明顯。只有越野車可以勝任在高山上的道路情況。開到沒路的地方，下車步行。前方低矮牆體就是曾經輝煌一時，又很快歸於寧靜的汾陽宮牆遺址。

　　高山上的平緩臺地，盛夏時節雜花生樹，草叢沒過腳踝。我們在草叢中看到多道牆基，四面圍合範圍約為正方形。其中外側牆體遺跡高約半公尺左右，寬約一至兩公尺，長度約兩百公尺。附近遍布磚瓦殘片。顯然，這是宮牆，而

---

[52]　中國社會科學院考古研究所：《唐長安城郊隋唐墓》，文物出版社，1980年版，第 25-28 頁。

[53]　逯欽立輯校：《先秦漢魏晉南北朝詩·隋詩》，中華書局，1983 年版，第 2685頁。參見《初學記》卷 13、《文苑英華》卷 170。

非城牆。在內牆範圍中灌木叢茂密處似乎還有建築基礎。牆體均為就地取材的砂石薄磚砌就。其中夾雜著大型瓦當、繩紋磚的殘片，間或有石欄杆、柱頭殘件。目前的這處遺址規模，並不是很大。

隋煬帝修建汾陽宮，舊時多被誤會為簡單的窮奢極欲。但結合史料，可知還有一個重要原因是處理和北方突厥政權的往來關係。當然，也有隋室繼承前代天池祭祀崇拜的意義。

《資治通鑑》卷一八二載：大業十一年（六一五年）夏四月，「幸汾陽宮避暑。宮城迫隘，百官士卒布散山谷間，結草為營而居之」。

《通鑑考異》載：大業十一年（六一五年）七月隋煬帝「幸雁門，先至天池。值雨，山谷泥深二尺，從官狼狽，帳幕多不至，一夜並露坐雨中，至曉多死」。這次出巡狼狽可能因超過了汾陽宮的接待能力。從「帳幕多不至」可看出，當時大多從官是居於帳篷營地，只有皇帝和親近人士居住在行宮房屋之內。

出巡天池後，隋煬帝緊接著被突厥圍困於雁門郡（今代縣），是隋急劇衰落的代表事件。

汾陽宮興盛不出十年。大業十三年（六一七年）劉武周馬邑起兵後，取汾陽宮，將宮女作為禮物送給突厥，換取突

厥支持。大約此時，汾陽宮已經被毀。此後未有皇家巡視之事。《資治通鑑》卷一八五載：唐武德元年（六一八年）七月庚申，「詔隋氏離宮遊幸之所並廢之」。估計到唐初汾陽宮被徹底廢棄。

唐代重視馬政，在西北地方多有馬場設置。安史之亂後，西北多戰事，在山西境內開始設置官馬場。

據《新唐書》卷五十〈兵志〉記載，嵐州（治今嵐縣嵐城鎮）曾置樓煩、玄池、天池三個牧馬監。

《舊唐書》卷三九〈地理志〉載：「憲州下，舊樓煩監牧也。先隸隴右節度使，至德後，屬內飛龍使。舊樓煩監牧，嵐州刺史兼領。貞元十五年，楊鉢為監牧使，遂專領監司，不繫州司。龍紀元年，特置憲州於樓煩監，仍置樓煩縣。郡城，開元四年王毛仲築。州新置，未記戶口帳籍。樓煩：龍紀元年，於監西一里置。玄池：州東六十里置。天池：州西南五十里置。本置於孔河館，乾元後移於安明谷口道人堡下。」

寧武天池一帶為唐代後期官方馬場，其行政管轄地在今天樓煩縣境內。寧武天池又名馬營海應即與此有關。

宋遼劃界　天池是重點

唐末五代，晉北是沙陀的勢力範圍。北宋初年，北宋滅北漢，繼續進兵燕雲十六州。但北伐失利，楊業在陳家谷被俘後死，其地就在今寧武陽方口。

此後，北宋和遼對峙時，寧武分水嶺成為南北政權邊界。今天的分水嶺民間稱橫嶺。因峽谷兩側山脈均為南北走向，峽谷中的這處小山嶺為東西走向，而有此稱。確定橫嶺的位置，曾是宋遼熙寧劃界時的一個關節要點。《續資治通鑑長編》卷二八三載：熙寧十年（一〇七七年）七月乙丑，「河東分畫地界所燕復等檢踏天池西南無橫嶺地名。後再檢視，有故寨嶺亦名橫嶺。詔復等所得減年磨勘內各除一年。密記七月十七日事，六月二十四日可考」。但此「發現」之橫嶺似非是早期邊界上的橫嶺。

天池地區長期是宋遼交界處的軍事禁區。天池廟得到雙方重視，是爭奪的要點。

天池之地在北宋初年，應在北宋控制區。但遼人卻保持著天池祭祀信仰。

《續資治通鑑長編》卷八七載：大中祥符九年（一〇一八年）五月甲辰，「令寧化軍葺天池神堂。北界歲遣史一祀。至是頹圮，北界請加繕治故也」。

《續資治通鑑長編》卷三七一載：元祐元年（一〇八六年）三月戊辰，蘇轍彈劾劃界時朝廷重臣韓縝的奏章，「天池北距薩爾臺尚二十五六里，異時敵欲祈福，修天池廟，必牒安撫司而後敢入，以明廟之屬漢也。今亦為敵有。高政者，土豪也。有威名於北方，蕃漢目之為高天王。而天池廟神亦

日高天王廟。方割屬敵時，政撫膺大慟，謂其徒曰『我兄嫂今日陷蕃』」。

《元和郡縣圖志》中提到天池邊的天池祠，上兩條宋代史料中的天池廟應是其後繼者。儘管在禁區，遼國人依然保持每年一次的祭祀祈禱活動，還要求北宋方面給予修繕。可見天池廟在遼人心目中的地位。遼人推進修繕，暗示北宋方面對天池廟並不熱心。天池廟的神主和祭祀應是北方少數民族尊崇和熱衷的活動。

值得注意是，上引元祐元年（一〇八六年）史料說明北宋時天池廟主神為高天王。結合前文，高歡在天池得刻有祥瑞的奇石，北齊文宣帝高洋、後主高緯都在天池巡幸。天池在高氏家族中應有舉足輕重的象徵意義。天池廟主尊為高天王，有曾尊高歡為神主的可能。[54]

天池既是高歡得祥瑞之地，天池祠為高歡祈福也屬自然。只是後世年代久遠，已不知高天王何人也。而所謂土豪高政被目為高天王，顯是藉故托大。但其得到邊界蕃漢人士的普遍認可，也說明宋遼邊地的人員往來密切。

熙寧十年（一〇七七年）劃界後，天池地區作為邊界線

---

[54] 《三晉石刻大全·臨汾市堯都區卷》，三晉出版社，2011 年版，第 6 頁：臨汾堯都區堯廟博物館藏有殘造像碑，題記：「武平二年歲次辛卯，九月丙午朔十五日，神武皇帝寺主道淵……」可見北齊時高歡起家地之一的晉州（今臨汾）有為高歡祈福的皇家寺院。在高歡人生中有紀念意義的地方建立的祭祀祈福地，可能有多處。

上的北宋方面控制的軍事禁區或者說緩衝地帶，被劃入遼境。[55] 北宋文人沈括，其著作《夢溪筆談》記載了畢昇發明活字印刷術。在宋遼邊界會談中，沈括曾從官方文書中找到多條證據，力證天池地為宋屬。但最終天池還是歸遼。這次劃界半個世紀後，遼和北宋均歸於金，熙寧邊界線不復存在。此後金、元、明、清歷代，天池區域均為內地。

潑寒胡戲的活化石

繁華過後為荒草，幾多滄桑付評說。世間多少事，往來笑談中。夕陽下，汾陽宮廢墟，北邊的天池水面上有水上摩托車划過，南邊的琵琶海，邊上是高山小村馬營村。

據說馬營村前些年還有冬季潑水節的民俗活動，可惜近年來已經中斷。冬季潑水節的習俗，極其類似唐代盛行一時的潑寒胡戲。活動時間是冬嚴寒時期的正月。每年的潑水節據說有兩次：一次在正月，初十為正日子。一次在夏季五月二十四到二十八，二十七為正日子。正月以送瘟神為主題，五月以祈雨滅蝗為主題，都有眾多儀軌，是民俗社火活動的集大成者，期間會迎請各界神仙，進行各類民俗表演等。當然冬季的潑水節更為火爆些。無獨有偶，在不遠的繁峙縣前所村也有冬季正月時的潑水節習俗。

---

[55] 彭山杉：《封陲之守：宋遼河東熙寧劃界諸層面》，復旦大學 2012 年碩士研究生畢業論文。

潑寒胡戲，也叫乞寒胡戲，一般研究者認為源自中亞，北朝後期到唐中期在內地胡人社會中流行，是一種帶有社火性質的胡人狂歡節。臘月期間表演者和觀眾之間潑水為其一大特徵，也即潑寒之名的來歷。活動期間，各類胡樂演奏、雜技表演繁多，胡漢民眾圍觀，皇室成員也多有參與。武則天時期到玄宗初年時，潑寒胡戲一度盛行。

　　當時也有反對潑寒胡戲的聲音。如神龍二年（七〇六年）并州清源縣尉呂元泰反對潑寒胡戲，《冊府元龜》卷五三二記載了呂縣尉的上疏：「比見坊邑相率為渾脫隊，駿馬胡服，名曰『蘇莫遮』。旗鼓相當，軍陣勢也；騰逐喧噪，戰爭象也；錦繡誇競，害女工也；督斂貧弱，傷政體也，胡服相歡，非雅樂也；渾脫為號，非美名也。安可以禮義之朝，法胡虜之俗？《詩》云：『京邑翼翼，四方是則。』非先王之禮樂而示則於四方，臣所未諭。《書》曰：『謀，時寒若。』何必嬴形體，灌衢路，鼓舞跳躍而索寒焉？」

　　唐玄宗開元元年（七一三年），大臣張說上疏建議廢止潑寒胡戲，得到玄宗認可，並正式下詔書禁斷。於是潑寒胡戲因不合內地風俗而被禁止。有人分析以為是玄宗上臺後為穩定政權而做的決定。但尚未有更多資料支援此結論。此後這曾十分熱鬧的胡人習俗確實不再見於史冊。

雖然官方層面禁止了這一胡戲，但由於其來自民間，在社會上的影響不可能一斷了之。其後續演變必然和漢地民俗活動融合，以不同形式流傳後世。

呂元泰任職唐代的清源，即今清徐縣一部。上疏中細節描述清楚，觀察也很仔細，反映的是當時晉中地區胡人潑寒胡戲情況。山西是中古時期胡漢民族融合的核心區之一，在各地胡人後裔中潑寒胡戲的長期存在是完全可能的。

魏晉以來，寧武天池長期是游牧人的活動範圍，唐代有官方牧馬場。這裡的牧馬人自然以胡人後裔為主。寧武馬營村和繁峙前所村的潑水節時間為正月，比潑寒胡戲的臘月稍晚些，內容更富有地方色彩，多少有些歷史的影子，如馬營村的懲治貪腐的牧監、送瘟神活動等。互相潑水祛災祈福的宗旨尚存，與史籍中的潑寒胡戲是相同的。一千兩百年來，這些地方的民眾能保存下潑寒胡戲的核心形式——冬季潑水，並且將時間推後到正月，與漢族地區的春節社火活動結合起來，是將胡漢文化融合於一體的傑作。

晉北的冬季潑水節民俗活動，與隋唐時期的潑寒胡戲之間，應有繼承關係。潑寒胡戲的孑遺在這高山之巔竟流傳綿延至今，堪稱是民族融合史、漢民族發展史的活化石。

在天池湖群地區，隨處可見清澈的水池、小溪，這本是北方民族的天然高山牧場。就海拔高度和自然環境看，堪比

天山巴音布魯克草原。現在這裡沒有牧人和牧群，奇特的冬季潑水節習俗也中斷了。高原上顯得空闊寂寥，只有遠山上的發電風車在徐徐轉動。

天池一帶曠古高遠，寂靜安逸，撫今追昔，再無萬馬奔騰的宏大場景，也沒有了汾陽宮等離宮別苑，一切回歸淳樸自然。

自南匈奴定居呂梁山開始，南匈奴貴族劉曜、一代英主魏孝文帝、爾朱家族、高歡家族三代、隋煬帝，十六國、北朝到隋代的顯赫人物，均都曾在天池留下歷史足跡。腳下的汾陽宮殘跡在提醒我們，這裡確曾擁有過璀璨奪目的繁華，確有過無數英雄豪傑在天池邊抒發宏圖偉業的志向。

天池渾然天成，希望天賜的高山平湖盛景日漸充盈，迎接新的明天。汾陽宮已經遠去，天池美景的未來還需時代新篇。

寧武天池懷古

寧武天池湖群之乾海

嵐縣　胡漢融合雙城記

　　呂梁山北部有一處最為開闊、水草豐美的河谷地帶，這就是今天的嵐縣所在。魏晉南北朝時，這裡是匈奴後裔為主的胡人世界，先是南匈奴核心五部，後有爾朱家族興起。大批胡人在這裡定居，逐漸過著農牧兼作的生活。

嵐縣秀容古城南城牆遺址

　　嵐縣之名給人的感覺很是風雅。一說嵐縣出自岢嵐，岢嵐即賀蘭的一個音轉。那麼，嵐字其實也是來自匈奴語。賀蘭或岢嵐是匈奴人對某類山川外形的稱謂。如今嵐縣境內最有歷史感的是兩座古城址：秀容古城和隋城宋城，它們正是歷史上嵐縣兩座縣城所在地。

第一縣城　秀容古城

　　秀容之名，據說來自南匈奴首領、建立匈奴漢國的劉淵。劉淵，字元海，其家族身世之謎，歷史上延續至今的爭論從未停止過。唐《元和郡縣圖志》卷十四〈河東道〉嵐州宜芳縣條載：「秀容故城在縣（嵐縣）南三十里。劉元海感神而生，姿容秀美，因以為名也。」

　　劉淵家族的帥哥形象在《晉書》的「載記」部分多有提及，其中不免有御用文人誇大其詞的成分。但匈奴人有彪悍威猛的固有形象，再加上受漢文化影響，才有了這些美譽。《元和郡縣圖志》的說法晚出，帶有望文生義的意味。

　　或許反過來看，這個說法更接近歷史事實：南匈奴劉淵家族曾在此地活動。與岢嵐類似，秀容一詞也是匈奴語的音譯或者音轉。更有人以為秀容即匈奴一詞的一種音轉。唐中期，俊貌不如背景，只如這個名字與劉淵有關，加之歷來對家族容貌的溢美記載，遂被文人翻譯為美譽度很高的一個詞。

　　現在很難按照一千五百年前的語音比對秀容和其他胡語的關係。這種附會式的解釋在漢人文獻中是非常常見的模式。

　　秀容古城在今天縣城南邊的嵐河南岸。由於近年來城市發展，幾乎緊鄰城區。我和律榮、文保員劉先生從東城牆遺

址走向南面，這一帶夯土立面還可看清。牆體內外都是莊稼地。古城遺址周圍的幾個村分別是南村、西村、東村、古城村，是建在古城各個方向上的村落。

古城輪廓基本為正方形，城牆周長九里多，大多地段殘高五至七公尺。只是在西牆部分略向外側凸出了一個部分，其他三面比較平直。之前對城址的勘察工作發現古城有大小牆、外內牆、馬面、城堡、城門、馬道、護城壕等設置。

城牆分內外牆，南城牆長一千兩百五十公尺，外側有八個敵臺。北牆長一千四百三十公尺，北側是嵐河。東城牆約一千公尺，有東城門一處。西牆總長一千一百八十公尺，牆南端有堡，北端牆上靠近城門兩百公尺處有大型城堡，西北角的設計和禦敵密不可分。內牆可行車馬環城，是城防中安全快速的補給通道，很巧妙的內部防禦支持體系。

現在古城北城牆的西北和東北段被氾濫的河水沖刷已不存，其他地段基本還在。南城門和東城門處還可大致看出。古城內外是農田耕地，馬面等處不明顯。古城內曾出土古代繩紋板瓦、筒瓦、各種罐類容器、陶豆、夾砂陶鼎的碎片，無孔石斧，犁、鏟、錘、斧、鏽、馬蹄刺（鐵蒺藜）、油燈等鐵器，貝幣、離石幣、刀幣、布幣、半兩、五銖等古錢。很多遺物有明顯的戰國－漢代時代特徵。

　　北魏王朝鎮壓秀容胡反抗，將其部分遷徙至此，設置秀容護軍進行監管，秀容城的建立應與此有關。秀容胡即稽胡（山胡），其主體來源或精神核心是建立匈奴漢國的南匈奴五部。漢國滅亡，首舉大旗的精神力量長期激勵胡人後裔。秀容胡是當時的主體居民，這裡被稱為秀容古城就是明證。

　　古城內發現了很多戰國－漢代的各類遺物。與方山左國城、臨縣烏突戍遺址情況類似，展現了東漢後期到北朝後期幾百年間，定居居民的變化過程。隋唐時居民已是新的漢人，與兩漢時的漢人不可同日而語。

　　秀容古城的地理位置在河岸南邊，常受到河流氾濫影響。隋初，州城和縣城或因水患，搬遷到北部的嵐城鎮，古城逐漸衰敗。

　　嵐縣民間還流傳著爾朱家族在這裡稱霸一方的遺跡和傳說：縣城東北角上坡頭村北崖頭上的古寺龍天寺是爾朱榮家廟。梁北皇姑梁西端的大土丘是古墓皇姑陵，是爾朱榮之妻或女的墓地。現在，龍天寺新建，已看不到古蹟遺存。龍天寺和晉中、呂梁地區普遍存在的龍天廟可能有關。皇姑墓沒有文獻資料依據，但這裡皇姑墓的傳說和臨縣曜頭村皇姑墓非常類似，應該是爾朱家族故事在民間的某些投影。民間傳說不是歷史，但是是歷史的曲折反映，從民俗學、民族學角度進行研究，對復原歷史會有新的維度。

隋城西城牆遺址

　　秀容地名，在正史裡最初有南北兩個。現在學界一般認為南秀容即現在的嵐縣秀容古城。後趙和北魏在嵐縣設置秀容護軍，後改為秀容郡。北秀容是爾朱家族的最初游牧地，可能在岢嵐以北。爾朱榮曾在寧武天池泛舟，或北秀容範圍包括岢嵐、寧武等地。

第二縣城　晴城宋城

　　嵐城鎮嵐城村在嵐縣城北十五公里左右，是個很大的村，有東、西、南、北四關的名字留下來。這裡是隋代以後直到民國的嵐縣縣城所在，延續時間達一千兩百年之久，可稱嵐縣的第二縣城。古城附近沒有嵐河一樣的水流，地勢較高，相對安全。

隋城是建在高崗上的古城址，坐北朝南、西高東低，東西長八百公尺，南北長一千公尺，城外有護城壕。保存較好的西城牆寬六至十二公尺，殘高二至十公尺。夯層厚六公分，夯土為黃色沙性土和黏土。城內遺物豐富，灰坑較多，所含遺物有繩紋及素面陶片，陶器有瓦、盆、罐等。

從村中繞到東側，看到隋城遺址的省保碑。附近的夯土牆高達十公尺。局部還能看到包磚的痕跡，是明代所為。村內隨處可見巨大的城磚。轉到遺址西面，穿過外側的護城溝，來到兩層臺地上的城牆腳下。這裡殘存一段包磚牆體，目測這段城牆可能是後來修補，立面和白灰層都很不規則。從這裡再爬升到高處，看到西牆和北牆基本連在一起，外側突出牆體的馬面設置還比較明顯。南側緊鄰村子，歷代取土開闢居住場地，出現了十公尺以上的斷崖，包括南牆在內的隋城遺址的南半部已難覓舊貌。

清雍正八年（一七三〇年）《嵐縣志》載，嵐城鎮隋城始建於隋大業十年（六一四年），唐武德四年（六二一年）改為州城，經唐、五代、北宋延續四百六十餘年。北宋元豐二年（一〇七九年）時，舊城南築新城，即今嵐城鎮。建成後隋城廢。宋城一直延續至今。遺憾的是，在這個大村內除一座看不清文字的清代石碑、個別柱礎石構件外，就是散布各處的古城磚。百年滄桑後，古蹟難尋。

傍晚，我回到如今的縣城。好像是繞了個千年大圈，第三縣城又回到了嵐河畔。人們吸取了歷史教訓，新縣城的位置建在了河道北側的高處。

嵐縣兩座古城，是幾千年來呂梁山先民開闢之地，是民族大融合的見證。撫今追昔，天上雲間，嵐州大地上，馬鈴薯花盛開。歷史不會簡單重複。夜色中，我在嵐縣城裡漫步，秀容街、宜芳街，這些地名讓思緒又回到那個時代。這裡海拔較高，走不多久，已經感到初秋的涼意。

岢嵐山水漫錄

　　岢嵐，一個十分風雅的名字。

　　岢嵐城的南門和東門尚存甕城。夜晚，來到燈火通明的鼓樓下。海拔一千七百公尺的縣城裡，羊肉一條街上柏籽羊肉飄香。大快朵頤之後，在小城裡溜達，置身一座平靜如水的黃土高原小城。清晨，城周群山逶迤，滿目森林，城內街巷整潔有序，為一方淨土。

民族融合餘韻

　　岢嵐這個地名在歷史上始於北魏末年。《魏書》卷六二〈爾朱兆傳〉記載，當時高歡擊敗爾朱兆的弟弟爾朱智虎於岢嵐南山。此後岢嵐為州縣名字一直延續下來。有學者以為岢嵐、賀蘭、可藍為同一胡語的不同音譯。賀蘭確為匈奴語，本指雜色的馬，賀蘭山則是遠觀如雜色馬顏色的山體。

　　自唐《元和郡縣圖志》後的歷代地理志書裡都大致記載，岢嵐山在岢嵐鎮附近，西北和雪山連接。

　　這一地區即為現在的管涔山脈，主峰荷葉坪、蘆芽山、萬年冰洞等地已經成為近年來小有名氣的自然旅遊景觀。既然有雪山之說，中古時期管涔山高峰處應有常年積雪的山體。光緒《岢嵐州志》卷二〈形勝志·山川〉載：「雪山在荷葉山北，勢極險峻，盛夏猶棲餘雪，下有萬年冰。」幾十年來氣候變暖，

夏季在管涔山高峰上也難覓殘雪了。但讓人稱奇的「萬年冰洞」是否是和志書中所說的雪山、萬年冰有關呢？

岢嵐之名很可能來自胡語，岢嵐所在的呂梁山區在魏晉隋唐時，先有南匈奴五部，後有稽胡，唐末五代胡漢民族融合大體完成。宋遼期間，岢嵐、五寨、寧武一帶成為南北政權的邊界。

在岢嵐的深山溝谷裡，還到處可見牧馬牧羊的景象。據說清中期河南商人知道岢嵐深山有鹿，在此生產全鹿丸等中醫藥品。清末岢嵐的中醫藥品牌全鹿丸名噪一時。舊時，全鹿丸作坊裡有水井池，明進士汪藻所書〈井池碑記〉載明代知州打井蓄水惠民之事。如今全鹿丸和井池碑都已找不到了。美景只能在故紙堆裡得見，可惜。

放牧牛羊是游牧民族的生產方式，游牧人養鹿的歷史也是很早的，這都是民族融合後的文化遺風。

古塔並秀

城內文物留存很少，只東北城邊山坡上的北寺塔還算完整。來到山坡下，看到這裡已圍繞古塔建成一公園。

明中期，有跐空禪師在岢嵐募善款修古寺、弘法印經等功德事。據說正統年間，大師圓寂後出舍利子，門人和信士建此塔以為供奉。古寺已不見蹤跡，只存古塔一座，六角七層密簷塔，明建清修，兩層束腰須彌座，飾花卉磚雕，仿木

斗拱，上為兩層仰蓮瓣。一層最高，朝南開門，其他各面為磚面，中間飾花卉磚雕件。各角仿木柱。其上各層逐漸收分，有仿木斗拱、花卉磚雕，直到塔頂。前幾年當地對古塔進行修繕，多處修補採用了青石料，與舊料顏色差異顯著。新安裝的金屬塔剎，不知是否以原有資料為依據。

北寺塔的一奇是其各層密簷六面磚構件均燒製為向內弧形，這種弧形外觀在唐塔中有所展現，如山西安澤郎寨塔、五臺山法華寺南墓塔等。外觀優美，但費工費力，在留存至今的古塔中是罕見的。此塔能取古風也是難得。

藍天白雲，山風徐徐，吹起塔上新風鈴作響。

北寺塔下方又立一幢形石塔，紅砂石質地，六角五層。須彌座上第一層各面刻銘文。其上各層有密簷、仰蓮、幢面，幢面上三面上開小室，應是供奉佛像。三面線刻佛像。最上是相輪、寶珠為塔剎。一層的六面銘文還比較清晰可辨。其中提到弘治年間重修寺院，僧人洪仙貢獻頗多。「岢嵐州深山墕兜率寺起建，正北有本寺禪院叢林，有蘆芽山之境，前虎枕平川之伏，左有獸形歸屬之景，右有龍山騰龍之意。山明水秀其乃清口之地。弘治十七年五月初三日建立寶塔。」後記敘僧人開榮募款修塔和施主名單以及附近寺院主持名單等。可見此塔原在深山墕村，後搬遷至此。

北寺塔為大師舍利塔，穩重高挑；深山墕塔為風景塔，亭亭玉立。兩相對映，稍留下些古意。

北寺塔

深山墕塔

在偏院裡，堆放著幾通石碑的殘件，雖然不全，但稍讀下還是有些地方文史價值，應該妥善安放為宜。

比對方志，其中一方是元代郭元帥墓碑殘件。

《岢嵐州志》卷十一〈藝文志上·郭元帥墓表〉載：「故都元帥郭公，諱周，字彥成……公乃開發廩儲，多方賑貸，且部署眾卒分汛戍守，無或疏虞……超授本州防禦使，賜金牌……復授鎮國大將軍、鎮遠節度使，兼嵐州管內觀察使、河東北路關外六州都元帥，懸帶虎頭金牌，便宜行事……戊子八月，沐浴冠帶，端坐而逝……」又《岢嵐州志》卷二〈形勝志二〉載：「元六州都元帥郭周墓在城東四十里黃道川。」可見，此郭周為元時岢嵐實力派，對地方治理做出貢獻，還監管附近六州軍務。

元時的戊子年有二，一為元世祖至元二十五年（一二八八年），一為元順帝至正八年（一三四八年）。墓表裡所載河東北路為金代山西行政區劃，蒙古初期沿用，即為太原路。大德九年（一三〇五年）因地震，太原路改為冀寧路。由此可知，墓表中的戊子年為元世祖忽必烈年間，即西元一二八八年，則郭周去世即在此年。

另一殘碑應是《岢嵐縣志》記載的元好問草書碑，但漫漶嚴重，難以辨識。

長城風雲

　　岢嵐境內最著名的古蹟是蜿蜒在山川之間的長城。據考證至少有北齊、隋、北宋三個時期曾在此修築長城。

　　北齊在山西多次修建長城。其中和岢嵐關係最大的應該是高洋時期的幾次大規模修建工程。

　　高洋第一次修長城在天保三年（五五二年），「九月辛卯，帝自并州幸離石，冬十月乙未，至黃櫨嶺，仍起長城，北至社干戍（《北史》記為社於戍）四百餘里，立三十六戍」[56]。

　　一般以為黃櫨嶺在今天汾陽和離石交界處，今名依然為黃櫨嶺，社干戍地理位置還不能確定，大體在呂梁管涔山北部。

王家岔段長城牆體保存較好，頗有氣勢

[56] 《北齊書》卷 4〈文宣帝紀〉，中華書局，1972 年版，第 56 頁。

這次長城工程在文獻中記載不多。壽陽出土的《厙狄回洛墓誌》中載:「高祖受禪,以王佐命元勳,啟弼王室,除開府儀同三司,別封東燕縣開國子、領兼侍中,除使持節、都督建州諸軍事、建州刺史,轉離石大都督、岢嵐領民都督、黑水領民都督。天保之季,改開府三司⋯⋯」

厙狄回洛是東魏北齊時的重要鮮卑將領,歷任各地軍政長官。其在天保初年擔任的離石大都督、岢嵐領民都督和黑水領民都督,地點都在呂梁山和管涔山地區,其中離石和岢嵐即今名。領民都督是管理六州鮮卑在當地駐軍的長官。厙狄回洛很可能在離石和岢嵐任職期間,帶領部下參與了長城修建工程。[57]

第二次,天保七年(五五六年),「自西河總秦戍築長城東至海,前後所築,東西凡三千餘里,六十里一戍,其要害置州鎮,凡二十五所」[58]。

第三次,天保八年(五五七年),「於長城內築重城,庫洛撥而東,至於塢紇戍,凡四百餘里」[59]。

天保晚年修建的東西長城,其起點總秦戍難以確認,文物工作者幾十年來在保德、興縣一帶已經找到多處長城遺跡,和岢嵐、五寨、寧武等地北齊長城形制類似,總秦戍應在黃河東

---

[57] 見拙文〈厙狄回洛——從部落首長到封疆大吏〉。
[58] 《北齊書》卷 4〈文宣帝紀〉,中華書局,1972 年版,第 63 頁。
[59] 《北齊書》卷 4〈文宣帝紀〉,中華書局,1972 年版,第 64 頁。

岸不遠處。天保八年（五五七年）修建的重城四百里，是在先前所建長城基礎上，建設了第二道防線，目的有二：

1. 防稽胡騷擾。
2. 防關西政權和北方突厥聯手南下。

庫洛撥、塢紇成，這是兩個明顯出自胡語音譯的城堡名字。其地望大致在晉北範圍，有研究認為庫洛撥在偏關清水河交界地帶，塢紇成在靈丘平型關附近。

隋朝雖短，也曾修長城。

光緒《岢嵐州志》卷二〈形勝志〉載：「嘉靖間，有地名牛圈洼者，掘其地得石刻，其文云，隋開皇元年，贊皇縣丁夫築。」

二〇〇七年在縣城西十公里處的大廟溝村，一村民在長城附近耕地時發掘石刻一方，上書：「開皇十九年七月一日，欒州元氏縣□□□黎□□領丁卅人築長城廿步一尺……」[60]

可見，隋代在岢嵐曾修長城，且不止一次。

宋人修長城的記載鮮見。

《武經總要前集》卷十七岢嵐軍條載：「草城川，川口闊一里餘，川中有古城。景德中，築長城，控扼賊路。」岢嵐當時在宋遼邊界，真宗景德年間在這裡局部修葺長城是可能的。

---

[60] 《岢嵐縣志》，山西古籍出版社，1999 年版，第 506 頁。

岢嵐出土隋開皇十九年（五九九年）長城石刻拓片

　　以上，我們看到三個時代岢嵐修建過長城，整體來看隋和宋的長城都是局部工程，限於時間和範圍，很大可能是在北齊基礎上繼續修葺和加固，並不是再開爐灶新築。前些年說岢嵐發現宋長城，實際上是在北齊基礎上加以整修，這麼表述更為穩妥些。

　　岢嵐和附近各縣境內的北齊長城牆體都是就地取材的片石砌就。這與地處高寒、運輸困難的當地情況直接相關。

王家岔　寧靜的溝谷

　　岢嵐境內長城比較方便抵達的地段在王家岔。出縣城前往東南方的王家岔，在溝口處必過宋家溝。宋家溝村在高速附近，部分是移民搬遷新村。近年村貌改造，煥然一新。舊村大門還在，村邊河溝處是重建的戲臺。

　　村北高峰如屏，公路沿一溝谷蜿蜒而入。附近有一地名口子上。光緒《岢嵐州志》卷二〈形勝志〉載：「蘇孤戍，在州東三十里，北齊所築。城之東北角沒於水，故址止存三面，今名三角村者。」今天，這個地方已經被水衝開一分為二，名東、西口子上。蘇孤戍應是北齊修繕長城期間建立的戍所之一。

　　幾年前，王家岔段公路還很差，當地人去縣城往往要過水漫地段。如今路況極佳，二十分鐘從谷口即可到達王家岔村。王家岔是大山環抱中的小山村，因長城而知名。來到村中，北部是一條溝谷，兩側山脊上是兩條蜿蜒如巨龍般的石牆，這就是長城。登上靠東一側，看到長城是就地取材、片石堆砌而成。從牆腳到頂有明顯收分。頂部坍塌已難以分辨形制。站在長城上，兩人並行是足夠的。部分地段坍塌，暴露出內部的片石層面。大多數地段牆體外立面較好，也許經歷了北宋時的修繕。

從地形上看，兩條山脊上的長城在王家岔拐了個彎。在遠方的山梁上，長城綿延而去，消失在遠方。這裡是否是北齊重城的長城部分呢？還需要更多田野考察和研究。

　　有長城愛好者從這裡沿長城徒步出發，據說要經歷一天才能繞回。王家岔村東北，公路串聯起幾個小山村，村民住宅展現了半農半牧的生產方式。院子正房南面的排房是開敞的牲口棚。

　　公路盡頭最後一個村武家溝在山腳下，沿原始林區邊緣爬升可前往管涔山主峰荷葉坪，戶外徒步約需四小時。荷葉坪海拔近兩千八百公尺，山頂上是三萬至四萬畝高山草甸。夏季的山頂野花遍地，和蘆芽山馬侖草原類似。

　　返回路上，經過一處山谷中僅存的老油坊，還保留了木梁榨油的傳統方法。不時被公路上的羊群攔住去路，村民在羊群過後認真地打掃嶄新的路面，維護環境。天空蔚藍，白雲朵朵，小河流淌，牛羊滿山，一派山間風景，悠然自得。

　　長城、民居、放牧、森林，我想這是當下岢嵐發展文旅業最有潛力的地方。

烏突戍·曜頭村·皇姑墓

　　呂梁山區在十六國北朝歷史上是民族融合核心區。雖然早期文物已經罕見，但從遺址、地名、民間文化方面還可一窺端倪。臨縣湫水河谷一帶就有多個例證。

烏突戍古城遺址

　　府底村是臨縣歷史上很重要的地點。村內有古建善慶寺，大雄寶殿為元代建築。民國六年（一九一七年）《臨縣志》卷十六〈古蹟考〉引舊志記載，隋開皇三年（五八三

年）在北周烏突縣基礎上在此設置善訓府，烏突縣源於烏突
戍，唐代改太和縣。舊志所載必有所本。在唐代文獻和出土
墓誌中多次出現善訓府名字。[61] 可見，善訓府是隋唐時期長
期存在的一個府兵軍府，駐地在縣城，善訓軍府的具體位置
可以確定，就在今府底村。村名中的府字也正合軍府之義。

民國六年（一九一七年）《臨縣志》卷十四〈沿革考〉
認為烏突戍舊址是今縣城北三十五里處湫水河東山上的古城
遺址，「東北距赤洪嶺三十餘里」。烏突之名，應來自胡語。
古城遺址涵蓋附近多個山嶺，是一處控制秋水河谷的制高
點。《北齊書》卷二十〈慕容紹宗傳〉載：「高祖（高歡）
從鄴討（爾朱）兆於晉陽，兆窘急，走赤洪嶺，自縊而死。
紹宗行到烏突城，見高祖追至，隨攜（爾朱）榮妻子及兆餘
眾自歸。」[62] 赤洪嶺即今赤堅嶺，烏突城即烏突戍。可見，
爾朱兆自殺於方山、嵐縣交界的赤堅嶺。其餘眾西逃至烏突
戍，在慕容紹宗帶領下最終投降。據紹宗本傳，爾朱榮是慕
容紹宗從舅子，則二人是表兄弟關係。

這一帶是南匈奴後裔稽胡集聚區。稽胡長期與北魏、北
齊政權對抗。直到北周統一北方後，稽胡還曾趁機起事。
「宣政元年，稽胡賊劉庫歷圍烏突戍，公（楊文思）共柘王

---

[61]　張沛：《唐折衝府考》，三秦出版社，2003 年版，第 181 頁。
[62]　《北齊書》卷 20〈慕容紹宗傳〉，中華書局，1972 年版，第 273 頁。

誼破平之。」[63] 劉姓為稽胡首領中最常見的姓氏，與南匈奴貴族劉氏關係顯而易見。烏突戍一帶的湫水河流域長期是稽胡活動地區。這樣的民族歷史地理背景，為長期以來烏突戍、曜頭村故事的出現和流傳，提供了最基本的社會基礎。

在公路邊上有文物部門所立省保單位烏突戍古城遺址標誌牌。當地文物愛好者多次在古城遺址內發現戰國時期的遺物。這不得不讓我們重新認識所謂的烏突戍。北朝時，這座古城很可能在早期城址的基礎上繼續沿用。採用了一個胡語音譯的名字，後人已不知其繼承關係。烏突戍遺址的文化內涵絕不僅限於北朝後期。民國六年（一九一七年）《臨縣志》卷十四〈沿革考〉載：「至今土人耕於其地者，每掘得有銅箭頭及名印銅銷鐵炮等物，亦當年鎮戍之證據也。」民國期間如此眾多的早期文物出土，更是驗證了這一古城遺址連續使用的時間之久。有鐵炮出土，使用下限則可以到火器廣泛使用於軍事的宋金時期。雖然被稱為烏突戍古城，但其上下限範圍很長。只是烏突戍的名字在歷史上更具有時代代表意義，容易被人們記住。

這裡是有故事的地方，野史和民間傳說都源於歷史本身。

---

[63] 王其褘、周曉薇：《隋代墓誌銘匯考》卷 4，線裝書局，2007 年版，第 331-335 頁。

湫水河西有一村名曜頭。村西側宋家圪臺村邊有一皇姑墓。雨中，穿過曜頭村，艱難行過一片爛泥路，終於看到了皇姑墓。這裡只有初一、十五開門，為村民祭祀提供方便。所謂墓地其實十分簡陋。小院中很小的一間紅磚窯殿，內供皇姑像。小窯殿後是墳塚。

民國六年（一九一七年）《臨縣志》卷十六〈古蹟考〉載：「皇姑墓在縣治北四十里曜頭村南。相傳為劉曜之妹或云爾朱兆妻。年遠無徵，未知孰是，至今墓旁採樵者不敢犯。」

當地民間故事比縣志的這段記載更為豐滿、鮮活：故事把曜頭村和皇姑墓連繫起來，認為曜頭村的名字來自劉曜首級。大體情節是劉曜和妹妹約定互為犄角，一守在河東山上的烏突戍，一守在河西平川。由於劉曜舉烽火戲弄其妹，導致對手石勒真來進攻時，其妹沒有及時增援，劉曜戰敗，身首異處。後劉曜妹追趕敵軍，搶奪下劉曜首級埋於此。其妹去世後也安葬此地。這就是曜頭村和皇姑墓故事的主體。

墓旁牆上嵌一方一九六〇年石碣，對皇姑墓的來歷基本照抄縣志內容，申明此為文物，嚴禁發掘破壞墳塚。看來民間對皇姑墓的敬畏一直保持下來。石碣上題名修繕者為赤普浪村村民。從名字上看，赤普浪漢意無解，應該也是胡語音譯。

皇姑墓現狀

　　西元三二八年，在洛陽戰役中劉曜戰敗被石勒俘虜，後被殺於河北。史書中失載其妹。另有劉曜之女在前趙亡國時也被俘，後為石虎皇后，生子石世，石世被立為太子。石虎死後，劉后母子捲入諸子內鬥，後趙大亂，不久滅亡。

　　劉曜兄妹事屬傳說演繹，而爾朱氏的最後殘餘在烏突戍投降卻是史實。慕容紹宗帶領爾朱兆妻子以下的爾朱殘部投降高歡，代表著高歡反爾朱氏鬥爭的最終勝利。史書中沒有記載爾朱兆妻子的結果，但因突發事件在這裡死亡的可能性是存在的。

　　民間故事內涵豐富，把匈奴漢國、爾朱家族的歷史背景雜糅一起，出現了不合乎歷史真實，卻得以在民間流傳的藝

術效果。藝術來源於生活，也來源於歷史。傳世文獻中無載的劉曜活動被移入故事，爾朱覆滅和爾朱兆妻子的投降，被異化為死亡、安葬。雖沒有多少史料價值，但是是歷史瞬間的民間投影。對民間故事價值的重新審視，應可促進我們更為全面地認知歷史真相。

在看似客觀立場的傳說中，不難看出對失敗者的同情和惋惜，或許曲折地展現了這些歷史事件的某些相關者 —— 南匈奴、爾朱家族後裔的情緒。南匈奴的繼承者稽胡，延續了匈奴與鮮卑系的歷史衝突，長期反抗拓跋鮮卑的北魏及其後繼者東魏、北齊政權。胡系在與鮮卑系之間的衝突中，長期受到壓制，屬於弱勢一方。隋唐之際，稽胡首領劉季真稱突利可汗，是稽胡接受鮮卑—突厥系文化的代表。隨著唐的建立，全國統一，稽胡加速融入社會，成為編戶齊民。幾百年間紛繁複雜的民族融合歷程中，漢國興亡、爾朱興亡等歷史事實為稽胡後裔繼承，成為漸行漸遠的地區往事。

稽胡後裔在呂梁定居逐漸漢化，無統一政權，多分散小聚居。區域歷史的若干記憶以民俗方式的碎片化形式流傳下來。曜頭村和皇姑墓故事的歷史背景即為一典型個案。

當然，悲劇色彩的文學作品也更能引發人們的思索，這也是曜頭村故事流傳下來的重要文學基礎。

176

河里莊遆氏故事

一個黃土丘陵中的村落，一個罕見的姓氏，來自那段撲朔迷離的民族大融合歷史。

從浮山回臨汾的路上，路過陳垱路口，赫然發現路東兩幅大路牌上寫著遆氏祖廟、劉淵廟。這是個罕見的姓氏，這是第一次看到直書劉淵廟，事關專業，必須一探究竟。

沿路前行，過一小水庫大壩，來到河里莊。村中是嶄新的遆氏祖廟。看廟老人打開山門，進入祠堂。這是個大院落，南面是倒座戲臺，北面是高大臺基上的五開間歇山頂大殿。

遆氏祖廟

　　遹，罕姓。河里莊的遹氏對族源大體如此描述：遹姓源自十六國時期。匈奴漢國皇帝劉聰去世後，靳準殺繼位的劉粲和劉氏宗室，自立為天王，不久也在內亂中被殺。靳準之女靳月華為劉聰皇后，趁亂帶劉聰幼子從平陽潛逃，隱藏於河里莊地區。為隱藏劉氏身分，將其子改姓遹氏，後繁衍至今。

　　靳準之次女靳月華為劉聰右皇后，平陽亂後，其下落史載不詳。[64]

　　現存遹氏家譜早不過明清。所謂皇后攜子的起源故事，顯然難以證明西元三一八年漢國平陽大亂中發生的真實歷史片段。

河里莊附近黃土丘陵地帶的水庫

---

[64] 《晉書》卷 102〈劉聰載記〉，中華書局，1974 年版，第 2668 頁。

　　殿內主尊是皇后攜皇子像。壁畫上描繪有劉淵起兵稱帝、劉聰繼位、靳準之亂、河里莊隱姓埋名傳說等內容，以連環畫形式展示。說是劉淵廟，未設劉淵像及神位，有點說不過去。

　　唐代姓氏書《元和姓纂》卷三載：「遆。今同州澄城縣多此姓。自云銅鞮氏，避仇改焉，亦單姓蹄。」岑仲勉先生校記認為：「頗疑此條原是同遆（蹄）之文。」[65] 同蹄氏為中古時期的羌族著姓，在陝西渭河流域多有分布。由此可知，遆姓應是羌族複姓同蹄氏簡化後的單姓。

遆氏祖廟內塑像

[65]　《元和姓纂》卷 3，中華書局，1994 年版，第 322 323 頁。

羌族在山西的活動，可追溯到東漢時羌族東遷部眾起兵上黨。在匈奴漢國歷史上，也有氐、羌族人歸附。劉淵曾娶氐族酋長單徵之女，後立為皇后。在複雜的民族遷徙和融合中，羌族同蹄氏的一支定居於臨汾地區是可能的。靳準之亂時或有同蹄氏逃出平陽，來到不遠處的河里莊隱居。

各胡族之間的通婚現象普遍存在。南匈奴劉淵與氐族單氏通婚，同時劉氏與羌族同蹄氏之間也可能存在婚姻關係。

河里莊遆氏一族也可能是南匈奴－羌族通婚的後裔。匈奴漢國戰亂時，與同蹄氏通婚的南匈奴劉氏族人逃出平陽，同時隱藏其劉氏親屬身分，姓氏用親族的同蹄氏，後改為單姓遆氏。其經歷被後代演繹為皇后攜皇子出逃遷居於此。

今臨汾、晉中的遆氏族源大多出自河里莊。河里莊遆氏，或本出自羌族，歸附匈奴漢國的某些家族與南匈奴曾有通婚。後人附會皇后攜子出逃隱居故事，是民俗學曲折反映了民族大融合的久遠痕跡。未來就遆氏起源問題還可進行更多研究，如家譜版本、族人情況、基因分析等，或有新的發現。

匈奴堡　天險堡

　　西晉末年，以南匈奴部眾為核心建立的匈奴漢國，開創了北方少數民族採取相容並包的胡漢體制，在內地建國的歷史道路。當時有多種胡人均被視為匈奴種類，成分非常複雜。很多部落本並非匈奴。[66] 此時，匈奴的內涵已遠超南匈奴五部範圍。

　　有學者指出，屠各為漢化或正在漢化過程中的匈奴人群泛稱。[67] 屠各本為單于家族所屬部落，這時其涵義擴大，與匈奴對等。可以說，十六國時期，匈奴已成為多種進入內地胡人族類的總稱，原有的民族界限正在被打破。

　　匈奴漢國滅亡西晉，深刻影響中國歷史發展進程。匈奴漢國開啟胡族在內地建國的歷史事實，大量胡族進入漢國統治區，客觀上推動了匈奴概念的不斷擴大和泛化。泛化的匈奴人群活動地區廣及當時的北中國，很多地方都曾出現過匈奴或被外界統稱為匈奴的胡人集團。

　　難得的是，在十六國歷史上，曾出現過一處以匈奴命名，為眾多政權和勢力爭奪、關注的軍事堡壘——匈奴堡。一千六百年後，如今匈奴堡的遺跡天險堡隱匿於臨汾市襄汾縣西部姑射山前古道邊。

---

[66]　周偉洲：《漢趙國史》，山西人民出版社，1986 年版，第 12-15 頁。
[67]　周偉洲：《漢趙國史》，山西人民出版社，1986 年版，第 22-25 頁。

十六國初期的匈奴堡

史書中匈奴堡的名字第一次出現於羌族姚氏軍事集團北
上河東的軍事行動中。

《晉書》卷一一二〈苻生載記〉載：

> 姚襄率眾萬餘，攻其平陽太守苻產於匈奴堡，苻柳救
> 之，為襄所敗，引還蒲阪。襄遂攻堡，克之，殺苻產，盡坑
> 其眾，遣使從生假道，將還隴西。生將許之，苻堅諫曰：「姚
> 襄，人傑也，今還隴西，必為深害，不如誘以厚利，伺隙而
> 擊之。」生乃止。遣使拜襄官爵，襄不受，斬其使者，焚所
> 送章策，寇掠河東。生怒，命其大將軍張平討之。襄乃卑辭
> 厚幣與平結為兄弟，平更與襄通和。[68]

姚襄集團北上進入河東地區，首先攻擊匈奴堡的前秦平
陽太守苻產。

前秦平陽太守苻產不守河東重要城市平陽，而守匈奴
堡。說明當時此地的軍事地位已超過平陽。姚襄占據匈奴堡
後，進一步襲擾河東，挑戰前秦。前秦驅使半獨立狀態的并
州軍閥張平從北面進攻姚襄。而姚襄則明瞭張平與前秦若即
若離，與多個政權牽扯不清的關係，對其主動示好，果然得
到了張平的積極回應。前秦的目的並未達到。

此後，姚襄以匈奴堡為跳板，進攻關中。「姚襄遣姚

---

[68] 《晉書》卷 112〈苻生載記〉，中華書局，1974 年版，第 2876 頁。

蘭、王欽盧等招動鄘城（今陝西洛川縣境）、定陽（陝西洛川東至宜川西北）、北地、芹川諸羌胡，皆應之，有眾二萬七千，進據黃落。」[69]

姚氏爭取到的各族勢力，一說達五萬餘戶：「襄尋徙北屈，將圖關中，進屯杏城（今陝西黃陵縣內），遣其從兄輔國將軍姚蘭略地鄘城，使其兄益及將軍王欽盧招集北地戎夏，歸附者五萬餘戶。」[70]

十六國北朝時期，陝北地區多民族雜居，情況複雜。姚氏本出隴西羌豪，在這一帶召集羌胡民族，也是要爭取更多盟友，削弱氐族前秦統治勢力。姚襄冒進戰敗，是戰術失誤，但戰略上爭取更多民族支持，本身是可取的。姚襄北上河東至其敗亡，時間短暫，在西元三五六至三五七年之間。其控制匈奴堡，進而西進關中，一度給初期的前秦政權很大壓力。只是姚襄操之過急，應在河東站穩腳跟，掌握更多資源後，再圖西進不遲。

姚襄經北屈西渡黃河，進入關中北部多民族雜居地區。北屈即漢時北屈縣，故城在黃河邊。可見，姚襄西行的線路應是自匈奴堡西行穿越呂梁山，至北屈故城渡河。

陝北多族雜居，各種勢力並存，頻頻出現影響關中政權

---

[69] 《晉書》卷 112〈苻生載記〉，中華書局，1974 年版，第 2878 頁。
[70] 《晉書》卷 116〈姚襄載記〉，中華書局，1974 年版，第 2964 頁。

統治的衝突。如苻堅時「匈奴右賢王曹轂、左賢王衛辰舉兵叛，率眾二萬攻其杏城以南郡縣，屯於馬蘭山（今陝西銅川縣北）。索虜烏延等亦叛堅而通於辰、轂。堅率中外精銳以討之……轂懼而降。堅徙其酋豪六千餘戶於長安。進擊烏延，斬之。鄧羌討衛辰，擒之於木根山……以衛辰為夏陽公以統其眾。轂尋死，分其部落，貳城（陝西黃陵縣西北）以西兩萬餘落封其長子璽為駱川侯，貳城以東兩萬餘落封其小子寅為力川侯，故號東、西曹」[71]。此事分見於《資治通鑑》卷一〇一興寧三年（三六五年）條、太和二年（三六七年）條。

此處的左賢王、右賢王應為後趙、前秦為安撫胡族首領，封賜給他們本為匈奴貴族的名號，以示籠絡。劉衛辰即鐵弗匈奴首領，祖先本出自南匈奴右賢王去卑後裔。曹轂為曹氏，所謂昭武九姓之一，顯然祖先來自西域粟特人，這支曹氏為首的力量以游牧人面貌出現，而非商賈。其二子勢力合計有四萬多落，如一落五人計，有人口二十多萬。之前還有被遷到長安的六千餘落，也估計有三萬多人。這樣看來，曹氏集團人口即有二十多萬，是陝北不可小覷的民族勢力。其中組成可能比較複雜，領導層曹氏或來自西域。

十六國北朝時，黃河晉陝峽谷兩側的陝北－呂梁高原地

---

[71]《晉書》卷 113〈苻堅載記〉，中華書局，1974 年版，第 2878 頁。

區，有被冠以匈奴或山胡名號的曹氏胡人集團活動，應多為東、西曹集團的後裔和支系。[72]

前文姚襄招引的胡族中或有曹氏力量。故後秦姚萇建政，曹氏首領很快接受了後秦的封號。「貳城胡曹寅、王達獻馬三千匹。以寅為鎮北將軍、并州刺史，達為鎮遠將軍、金城太守。」[73]

此條文獻明言曹氏為貳城胡。曹寅應即前秦時東、西曹中貳城東部匈奴勢力首領曹寅。曹氏集團在前秦被稱為匈奴，後秦時被稱為胡，匈奴本即胡，此時已是泛稱，故西域粟特人群中的曹氏亦被認為是廣義的匈奴。應該注意的是，後秦封其為并州刺史，或暗示曹氏集團已有部分進入并州地區。

十六國後期的匈奴堡

淝水之戰後，河東由前秦轉為後秦統治區。後秦末年，內鬥不斷，中央政權對地方管控能力減弱。河東地區持續動盪，後秦守將姚成都堅守重要堡壘匈奴堡，短期內備受各方關注，最終匈奴堡歸於北魏。

---

[72]　陳連慶：《中國古代少數民族姓氏研究》，吉林文史出版社，1993 年版，第 37-38 頁。

[73]　《晉書》卷 116〈姚嵌載記〉，中華書局，1974 年版，第 2970 頁。

匈奴聯合集團曹弘攻掠

西元四一六年，姚泓初即位不久，「并州、定陽、貳城胡數萬落叛泓，入於平陽，攻立義姚成都於匈奴堡，推匈奴曹弘為大單于，所在殘掠。征東姚懿自蒲阪討弘，戰於平陽，大破之，執弘，送於長安，徙其豪右萬五千落於雍州」[74]。

此數萬落之匈奴集團，來源並非一地。其中來自定陽、貳城等地胡，顯為前秦時東、西曹集團分布區，或於後秦時即有部分進入河東地區。他們推舉曹弘為大單于，即是東、西曹氏後裔。前秦封曹轂為右賢王，即為匈奴貴族名號，此時曹弘稱大單于，更是匈奴最高首領尊號，當然這一尊號在十六國時期已被各胡族政權廣泛接受。另外，此集團中有并州胡，即南匈奴五部後裔。可見這支聯合軍團主體由黃河兩岸的兩部分胡人組成，其中并州胡為呂梁山區南匈奴五部後裔，定陽、貳城胡為東、西曹後裔。此時崛起的赫連夏是并州胡與東、西曹共同威脅，他們聯合起來抱團取暖。後秦姚興去世後，姚泓即位，內部不穩，給了這個集團可乘之機，於是他們在後秦統治區的東部邊地平陽發難。曹弘稱大單于說明東、西曹集團掌握了聯合軍團的領導權，聯合南匈奴五部後裔并州胡，其稱大單于更為接近匈奴政權原意。

貳城胡曹氏集團東來，與并州胡合為一支，控制了地區

---

[74] 《晉書》卷119〈姚泓載記〉，中華書局，1974年版，第3009頁。

中心城市平陽，進而進攻匈奴堡。其路徑或即上文姚襄西行路線。這是關中北部進入臨汾盆地的捷徑，穿越呂梁山南部，要通過并州胡分布區，這次兩部分胡人的合作，可能為後來稽胡（山胡）系胡人的形成奠定了重要基礎。匈奴漢國失敗後，南匈奴後裔仍居呂梁山，但喪失了文化程度較高的統治階層。來源複雜的各類胡人與之交往融合，逐漸形成以南匈奴五部為主體，內涵豐富的新民族共同體 —— 稽胡（山胡）。

值得關注的是，這次匈奴聯合集團的攻擊對象，還是匈奴堡。後秦將軍姚成都與約半個世紀之前的前秦平陽太守苻廣一樣，都駐於匈奴堡，而不是地區中心城市平陽。從這段史料看，姚成都據守匈奴堡，並未被匈奴集團攻入。

匈奴聯合集團推舉東、西曹代表曹弘為大單于，繼續蠶食後秦統治區。不久，後秦駐紮蒲阪的姚懿派軍在平陽將這次起兵鎮壓下去。曹弘被俘，連同一萬五千落匈奴集團豪右被遷到關中。上文載「并州、定陽、貳城胡數萬落」，按照最低兩萬落計，除遷往關中一點五萬落，仍有五千落缺口，這部分未遷者留居當地的可能性較大。

187

姚懿叛亂

　　後秦有變，東晉劉裕趁機出兵北伐，直指潼關。此時後秦內部更為混亂，姚懿不思抵抗外敵，竟「舉兵僭號，傳檄州郡，欲運匈奴堡穀以給鎮人。寧東姚成都距之……遣讓懿曰：『……此鎮之糧，一方所寄，鎮人何功？而欲給之……』乃宣告諸城，勉以忠義，屬兵秣馬，徵發義租。」[75]

　　可見，匈奴堡是後秦在河東地區的重要物資基地。因此姚懿才特別拉攏姚成都，要運走匈奴堡存糧。而姚成都忠於後秦，不僅拒絕，而且給予嚴厲譴責，並號召周圍城鎮共同反對姚懿叛亂。

　　姚懿不得人心，很快失敗。後秦內江為東晉劉裕北伐軍順利進軍提供了客觀條件。

東晉北伐軍進攻

　　北伐軍主力攻擊潼關，分兵河東。「（檀）道濟自陝北渡，攻蒲阪，使將軍苟卓攻匈奴堡，為泓寧東姚成都所敗。」[76]

　　姚成都站在後秦政權方面，擊退了東晉北伐軍偏師的進攻。劉裕北伐目的不在長期統治北方，北伐軍的目標是攻克長安，河東地區並不是主力軍鋒所及。

---

[75] 《晉書》卷 119〈姚泓載記〉，中華書局，1974 年版，第 3013 頁。
[76] 《晉書》卷 119〈姚泓載記〉，中華書局，1974 年版，第 3014 頁。

歸於北魏

　　以上我們看到，後秦末年的二年內，後秦將軍姚成都在十分困難的情況下，堅守匈奴堡，匈奴曹弘集團、姚懿叛軍、東晉北伐軍均未能攻入這一河東地區的重要戰略物資基地。

　　十六國後期地方行政機構呈現軍鎮化特徵，匈奴堡即為其一。北魏泰常二年（四一七年）九月，「姚泓匈奴鎮將姚成都與弟姚和都舉鎮來降」[77]。

　　姚成都在亂世中堅守匈奴堡，後秦滅亡、東晉被赫連夏驅逐出關中之際，果斷決定投奔北魏。這樣，堅固堡壘匈奴堡成為北魏軍事據點，為北魏全面控制晉南地區奠定重要基礎。

匈奴堡的得名

　　顯然，匈奴堡之名在姚襄攻入時已有，更遠在十六國後期匈奴聯合軍團首領曹弘稱大單于之前。

　　稱匈奴堡的原因，不外乎與匈奴有關。地名的取得，首先是需要有比較長期的特定居民。由上可知，匈奴堡在平陽周邊地區不遠，前秦、後秦時均為河東地區重要軍事堡壘。同時還是物資基地、糧庫，曾是行政和軍事合一的軍鎮所在。

　　東漢末年以來，平陽曾是前後兩個匈奴政權的統治中心。

---

[77] 《魏書》卷 3〈太宗紀〉，中華書局，1974 年版，第 58 頁。

第一個是東漢末年南匈奴於扶羅的流亡政權。後呼廚泉單于被曹操軟禁於鄴城，成為傀儡，命右賢王去卑平陽監國。曹操又劃分南匈奴為五部，此後平陽的南匈奴流亡政權失去了對匈奴部眾管轄權，再不見於史。

第二個是劉淵建立的匈奴漢國。為了便於南下中原，匈奴漢國於西元三一〇年遷都平陽。劉淵去世後，其子劉聰即立。漢國攻滅西晉，達到極盛。當時漢國在平陽地區集中了許多個民族，有很多被占領地區的人口。三一八年，劉聰去世後漢國內訌，平陽毀於靳準之亂。隨後平陽成為後趙控制區。

這兩次匈奴政權期間，平陽地區都發生過若干歷史事件。東漢末年，南匈奴流亡政權勢力較弱，部眾並不多。定都平陽的匈奴漢國一度成為北方霸主，是南匈奴五部上層聚居地，大批各族群統治上層集團也被遷徙於周圍。

因此，匈奴堡的得名很可能來自匈奴漢國時期。可能是漢國內訌後，部分南匈奴部眾曾聚集於此，故而得名。[78]

匈奴堡地名的由來，應是匈奴人群在此聚集後，其他集團對此地的稱呼，而不是匈奴人的自我命名。當然在此之

---

[78] 漢國瓦解後，平陽地區南匈奴部眾仍有社會影響。《資治通鑑》卷 99〈晉紀二十一〉載：晉穆帝永和九年（353 年），「（三月）西城胡劉康詐稱劉曜子，聚眾於平陽，自稱晉王；夏，四月，秦左衛將軍苻飛討擒之」。這次平陽未遂起事為西城胡劉康，亦為劉姓。以劉曜子名義發起，或有南匈奴餘眾參與。

前，堡壘應已存在，匈奴漢國時即有匈奴部眾駐紮，也屬正常。

匈奴堡的地理位置

《讀史方輿紀要》卷四一〈山西三〉平陽府條載：

> 匈奴堡。舊《志》：在府西南七十里，匈奴種人嘗保聚於此，因名。姚秦時為戍守處。晉義熙十一年，并州胡叛秦入平陽，推匈奴曹弘為單于，攻秦將姚成都於匈奴堡，姚懿自蒲阪討擒之。十二年，姚懿以蒲阪叛，欲運匈奴堡穀以給鎮人，姚成都拒之。懿遣將攻成都，為成都所擒。十三年，劉裕伐秦，檀道濟等渡河攻蒲阪，遣別將攻匈奴堡，為成都所敗。今堙。[79]

清初的歷史地理名著《讀史方輿紀要》載匈奴堡地望所據「舊《志》」，應出自某種明代方志。此處明載匈奴堡距平陽府西南七十里。明清府治俱與現代相近。考量其方位，應在襄汾縣西北部與鄉寧接壤的姑射山前地帶。

---

[79] 《讀史方輿紀要》卷41〈山西三〉平陽府條，中華書局，2005年版，第1875-1876頁。
文中「匈奴種人嘗保聚於此，因名」，出自《資治通鑑》胡注。《資治通鑑》卷117〈晉紀三十九〉載：安帝義熙十二年下（416年），「並州胡數萬落叛秦，入於平陽，推匈奴曹弘為大單于，攻立義將軍姚成都於匈奴堡。此文後胡三省注曰：「此匈奴種落相率保聚之地，因以為名。」同卷後又有胡注云：「匈奴堡，在平陽。」此條後面描述匈奴堡發生的戰事均為梳理史料而成。最末言「今堙」，應指明時。

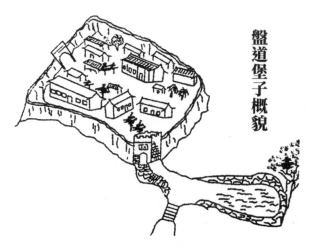

天險堡示意圖（《盤道村志》）

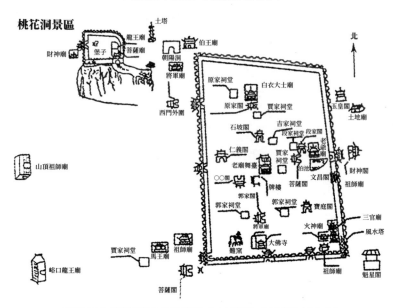

盤道村古代建築廟宇堂閣分布示意圖（《盤道村志》）

天險堡現存東南門殘跡

　　二〇二〇年十月，經數日實地考察，我在今襄汾縣西部山區與鄉寧縣交界處，發現尚存一座古堡天險堡痕跡，很可能與傳世文獻中記載的匈奴堡有關。

天險堡現狀

　　此堡，地方民眾稱天險堡，位於襄汾西部進入山區前的最後一個大型村落 —— 盤道村西側。當地俗語稱：「先有天險堡，後有盤道村。」可見，盤道村是在天險堡之後發展起來的村落。

　　古堡因堡門上曾有石匾上書「天險」而得名。天險堡所在位置三面臨深溝，僅西側與周圍黃土地面相連。平面基本

呈長方形，東西長約兩百二十公尺，南北長約九十公尺，堡牆為夯土牆體，只開東南門和西門。舊時東南門外曾有吊橋。東南門處保存較為完整，高約八公尺，進深約十公尺，牆體底部約厚八公尺，牆頭約三公尺。券門內被封堵，內外均有包磚。外側牆體上有乾隆十九年（一七五四年）石碣，為當時村民集資修葺堡東南側澇池記事，首載：「堡邑西屏姑嶂，東臨大墅，南北之間兩石競秀，勢雖偏隅，蓋自古號為天險，天然之環山也。」點明了天險堡的地理環境特點。

天險堡內

近年來村民建設取土，大多數夯土牆體已經不存，倖存地段的牆體厚度已變薄至一公尺以內，局部牆體還可分辨出

明顯的夯層立面，可分辨出下部夯層約六至八公分，上部夯層在十五公分以上。這一變化顯示堡牆曾有多次修築，其最底部夯土層時代很可能是中古時期。

　　另值得關注的是，在古堡牆體下有多個地道口，內部坍塌。村民說抗戰時和二十世紀中期都有使用，幾十年前逐漸廢棄。地道系統據說很複雜，可屯駐人口和物資，溝通古堡內外。若干堡內院中也有地道入口。

　　這一地道情況與介休張壁地道系統頗有類似處，與文獻記載中匈奴堡駐軍、屯糧等軍事堡壘屬性相符。如能對古堡內外進行系統清理，應有更多發現。

殘存夯土牆體的夯層
下部較薄，在六至八公分左右；上部較厚，達十五公分左右

天險堡北堡牆殘跡外為深溝，遠處可見姑射山

古道和居民

結合實地考察、諮詢多位村民，可知自古代至抗戰時，盤道村一直是襄汾－鄉寧間一條古道的必經之地。這裡是山區、平川之間的連接點，抗戰期間是敵後抗日根據地所在地，有「小延安」之稱。

盤道村占地跨平川和山區，西部姑射山中大片山區也為其轄地。自盤道村西古道上行，可直到照壁山頂。

照壁山古稱照望峰，為村西山區的區域高峰。雍正《太平縣志》卷一〈山川〉載：「照望峰，在縣西北二十五里，姑

射山之巔，更深猶見日色，北有神仙洞，基跡猶存。南有勝
水泉，澄清如鑑。曹生可受募建神廟其上。倚門東眺，汾水
外百里煙村草樹，如在眉睫之間。蓋亦一勝觀云。」

　　雍正《太平縣志》卷一、光緒《太平縣志》卷一、《圖
考·新八景圖》中亦有「望照峰圖」，圖有題字：「一峰望
照，特排群嶺穿雲去，峭立深處狹日來。」

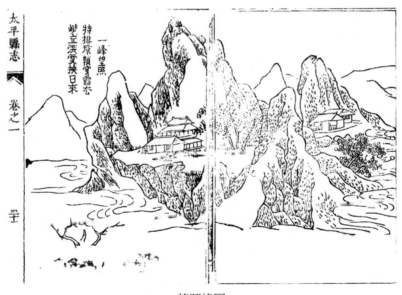

望照峰圖

　　今照壁山頂尚存祖師廟遺址，應即方志中所載神廟。曹
可受未載為何時人士。如今村西山間採石，古道已中斷，然
地理形態依然十分明顯。在天險堡處東望平川原野，一覽無

遺，若在海拔高出平川幾百公尺的照壁山頂，自然更是居高臨下，可俯瞰整個汾河谷地。

由照壁山祖師廟向西，進入姑射山深處，首先經山間村落曹家坪，此村多年前已搬遷，原址尚存窯洞多口。古道繼續西行進入梅花河谷地，經豆腐崖翻山越嶺，進入鄉寧地界。曹家坪附近有山嶺名曹家嶺。[80]

值得注意的是，一千六百年後，曹氏仍為古道諸村大姓，多個地名均與曹氏有關，很可能與匈奴曹氏集團後裔有關。盤道村東部幾里處有曹家莊，亦為大村，曾是鄉鎮駐地。附近有東曹路村、西曹路村。盤道村和曹家莊村中，土著大姓為曹姓。曹姓為盤道村第一大姓，占全村人口百分之二十以上。當地曹氏對其遠祖來源已不明了，這條古道上的平川和山區交界地帶有眾多村落名稱均與曹姓有關，迄今當地居民中曹姓仍為大姓。

---

[80] 盤道村曹紅豔先生、曹雙喜先生提供地方文化諸多資訊，並參閱《盤道村志》（2004 年版）相關記述。

山間的曹家坪村舊址

　　結合上文，十六國時期曹氏匈奴集團在匈奴堡活動，今該地與曹氏有關的地名、曹氏民眾仍為主要土著姓氏的現象不是偶然的，他們的祖先，應是匈奴集團中曹弘家族的後裔。縣志所載募資修建照壁山頂祖師廟的曹可受也為曹氏，或此山頂古廟的前身在十六國時本有軍事制高點意義。

　　天險堡及由其衍生出的盤道村在呂梁山前丘陵與汾河谷地交接地帶。這裡把控出入山區通道，俯瞰汾河谷地，進退自如。南匈奴在此聚集，可入山區，亦可觀望平陽形勢，實屬便利。漢國覆亡後，或為部分南匈奴餘眾所據之地，故此堡被稱為匈奴堡。姚襄西進、匈奴聯合集團東來、後秦內江、劉裕偏師北進，均圍繞這一關鍵節點展開。

圍繞匈奴堡的爭奪貫穿於十六國時代始終。進入北魏後，匈奴堡名不再見於文獻。

　　匈奴堡得名之前，此一穿越山川之間的古道應早已為古人利用。中古時期南匈奴後裔漸融入漢族，匈奴堡之名逐漸消失在歷史之中。土著大姓曹氏應為匈奴曹氏後裔，並在這一帶留下多個與曹氏有關地名。千百年來，古道依稀可尋，匈奴堡地理形勢未有根本改變，以天險堡之名傳於後世。

　　今天的盤道村是一個普通而熱鬧的村落，天險堡殘跡日漸遠去。十六國時匈奴堡的戰事和民族變遷隨風而逝。結合文獻和田野考察，我們發現，這裡是中古以來多民族融合匯聚之地，十六國歷史細節於此得以某種意義上的復原和再續，歷史的暗流綿延至今，讓人感嘆，應被銘記。

後記：記起被遺忘的歷史

　　很多朋友曾問我，魏晉南北朝歷史的時代價值有哪些。這恰恰說明這一歷史時期面臨經常被忽視的尷尬。與秦漢、隋唐、元明清的大一統時期比較，魏晉南北朝因史料不足、社會認知度有限，好像注定不會成為熱鬧的研究所在。

　　歷史看似沒有多少實際意義，而又時刻環繞在各個時代的人們身邊。對歷史的興趣是歷史學不斷進步的動力。

　　千年以後，南匈奴文化遺存，在文獻中的偶見，在現實中的發現，每次都是興奮和感動的瞬間，我拼接起南匈奴文化遺存的碎片。在山川之間能對山西南匈奴歷史文化進行散點式的自由尋訪，是一種幸運。

　　民族問題是這一時期歷史發展的關鍵要點。南匈奴建立的匈奴漢國，曾被認為是「五朝亂華」之禍首。十六國史史被長期冠以黑暗一片的印象。從歷史縱深角度來看，南匈奴建國在十六國—北朝史發展軌跡上，具有指標意義。難得的是，其文化元素歷經滄桑仍以隱晦的暗線得以傳承至今，其中最為重要的是漢國建立者劉淵的崇拜祭祀系統，千百年來完成從人到神的轉化，融入漢族文化，成為區域文化現象。

　　人都是健忘的，所以我們有了歷史，希望去記錄。本書

的文圖就是記錄下這段被遺忘的民族融合史長長的軌跡。

感謝李憑先生對此書的推薦。感謝趙曙光先生、李廣潔先生作序。

本書寫作過程，得到母親孟繁綏一如既往的理解和支持。在考察中，各地師友們提供了很多幫助，一併致謝。

我們都是歷史的過客。歷史的路在腳下延伸，伴隨一生，敬畏，觀察，思考，釋然。

劉勇

電子書購買　　爽讀 APP

國家圖書館出版品預行編目資料

單于歸來，南匈奴文化遺存考察：依附東漢 ×
劉淵建國 × 胡漢融合，從邊疆部落到漢化歸
降，匈奴的後裔去哪了？ / 劉勇 著 . -- 第一版 .
-- 臺北市：崧燁文化事業有限公司 , 2023.09
　面；　公分
POD 版
ISBN 978-626-357-613-1(平裝)
1.CST: 匈奴 2.CST: 文化遺址 3.CST: 文化研究
4.CST: 山西省
797.8　　112013613

單于歸來，南匈奴文化遺存考察：依附東漢 × 劉淵建國 × 胡漢融合，從邊疆部落到漢化歸降，匈奴的後裔去哪了？

臉書

作　　　者：劉勇
發 行 人：黃振庭
出 版 者：崧燁文化事業有限公司
發 行 者：崧燁文化事業有限公司
E - m a i l：sonbookservice@gmail.com
粉 絲 頁：https://www.facebook.com/sonbookss/
網　　　址：https://sonbook.net/
地　　　址：台北市中正區重慶南路一段六十一號八樓 815 室
Rm. 815, 8F., No.61, Sec. 1, Chongqing S. Rd., Zhongzheng Dist., Taipei City 100, Taiwan
電　　　話：(02)2370-3310　　傳　　　真：(02) 2388-1990
印　　　刷：京峯數位服務有限公司
律師顧問：廣華律師事務所 張珮琦律師

定　　　價：299 元
發行日期：2023 年 09 月第一版
◎本書以 POD 印製
Design Assets from Freepik.com